1年で
資金繰り改善
をめざす!

小さな会社のための正しい「リスケ」の進め方

認定事業再生士 宮内 正一

同文舘出版

プロローグ

小さな会社を取り巻く環境は大きく変わった

私の父は大阪の下町で、小さな町工場を経営していました。「超」がつくほど仕事一筋、真面目人間でしたから、幼少期から学生時代まで、まともに口を聞いた記憶もありません。

そんな父の背中を見ながら学生時代を過ごしましたが、私は父が望んだ事業の後継ぎを放棄して金融機関に就職し、16年間勤めた後、事業再生専門のコンサルタントとなりました。

今まで数多くの中小零細企業の社長とお話しさせていただきましたが、そんな社長たちをお手伝いしていると、父の仕事を助けているような気分になることがあります。

私の父もそうでしたが、多くの中小零細企業の社長は、「売上を増やそう」「いい商品を作ろう」と日々考え、奮闘しています。

そのこと自体は決して間違っていないのですが、肝心なことが後回しにされています。それは銀行との取引内容、つまり**「正しいお金の借り方と返し方」**です。

社長の事業を支えてきたのは、資金面のバックアップを続けてきた銀行です。ほとんどの中小零細企業は、銀行からの融資があって、初めて事業が成り立っているはずです。

数年前まで取引銀行は、「新規に設備資金が必要だ」「運転資金を用意してほしい」といった社長の借入要望に対して、保証協会の枠や社長の会社の担保力を見ながらではあっても、今から思えば比較的容易に、はっきり言えば、しっかりした事業計画・経営計画がなくとも新規の借入に応じてきました。

「銀行はいつでも、必要なときにお金を貸してくれる存在」と思っていた社長も少なくなかったのではないでしょうか？

「とりあえずはお金を貸してもらおう」「月々の返済額は増えるけど、なんとかなるだろう」「困ったときは、また借りればいい」……そんな気持ちで、銀行借入に依存した経営を続けてきた社長は、**売上や利益、モノづくりには敏感でも、財務や経理、必要な経営計画や借入の返済計画に関して、まったくの銀行任せ**だったのです。

経済環境が良好で、利益が確実に出る時代ならそれでもよかったでしょう。しかし、2008年のリーマンショック以来、潮目ははっきりと変わりました。中小零細企業の業績は大幅に悪化し、「売上が半分以下まで落ち込んだ」という話も珍しいものではなくなりました。2011年の現在、企業業績の最悪期は脱しましたが、大部分の中小零細企業は、リーマンショック以前ほどの業績には回復していません。

この事態に対して政府が打ち出した中小零細企業対策である「信用保証協会」(2章5項)のセーフティネット保証などで資金を調達し、なんとか息を繋いでいるだけの中小零細企業が、日本全国に溢れています。

銀行返済のリスケで事業を立て直す!

しかし、息を繋いでいるだけでは、将来の展望は何も描けません。

特に**3カ月、6カ月先の資金繰りが見えない**多くの中小零細企業の社長にとっては、「倒産」「廃業」「破産」という考えたくもない近未来があり得ます。

事業はなんとか回っているものの、とても銀行返済する余力がない。

今までなら簡単に借入できた銀行に相談しても、「詳細な事業計画がなければ無理です」と断られ、何をどうしていいのかまったくわからない。

「調子のいいときは、銀行から借りてほしいと頼まれたほどなのに……」。

現在、多くの中小零細企業の社長は、このような戸惑いとともに、「もしかして倒産」という恐怖心を持っているのではないでしょうか。

確かに、事業そのものの将来性が見込めない場合は、事業継続をあきらめることも検討しなければなりません。しかし、**「一時的に赤字は発生しても今後は業績の回復が見込める」「少なくとも営業利益やキャッシュフローは黒字にできる見込みがある」**という中小零細企業は、事業を継続すべきです。

そして、そんな状況に陥った中小零細企業の社長が、今すぐにでも検討すべきは**「銀行返済のリスケジュール」**です。銀行返済のリスケジュールとは、銀行と交渉し、月々の元金支払い方法を変更することです。詳しくは本文で述べますが、本書では、元金返済を1年間、限りなくゼロにすることを推奨しています。

「返済を限りなくゼロにする……そんなことができるのか」「どんなふうに銀行との交渉をすればいいのか見当もつかない」と思う社長も多いことでしょう。

そのように思う、リスケジュールの本質をよく知らない社長。まずは、銀行から届く、返済予定表を見てみてください。不動産への投資等、返済がはじめから長期にわたるものは別として、多くの中小零細企業の社長は、銀行からの借入金の全てを、長くても10年、短ければ3年から5年程度で返済する予定になっているはずです。つまり、銀行への返済が、毎月の支払いの大きな部分を占めているということです。

たとえ半年でも、銀行への毎月元金返済がゼロになれば……、数多くの社長は、資金繰りで頭を悩ますことが大幅に軽減されるでしょう。

そもそも社長の仕事の大部分が、資金繰りに振り回されているような会社では、本来の事業に社長の目が届きません。そんな状況で、事業の将来展望が開けるはずがありません。社長が資金繰りに奔走しても、負のスパイラルとなって、業績の改善はどんどん見込めなくなっていきます。

社長の仕事の大部分が資金繰りになってしまっては、まさに〝ジリ貧〟です。そんなジリ貧状態から脱却するためには、リスケによって資金繰りの不安から解放され、「倒産」という恐怖から逃れることです。そうすれば、社長は全てのエネルギーを事業の立て直しに集中させることができます。当然に社長の事業は、無事再生できる可能性が大いに高まります。

相手を知り、己を知れば百戦危うからず！

リスケによって、小さな会社が事業を建て直すことが可能になるとはいうものの、交渉相手である銀行にリスケを納得させるためには、それなりのノウハウが必要になります。

社長が自社の窮状を訴えるだけでは、銀行は、決して社長が希望するリスケには応じません。では、どうすれば、銀行にリスケを応じてもらうことが可能になるのでしょうか？

金融機関に16年間勤め、借り手側として20行以上の金融機関と100億円以上の融資取引を経験し、数多くの中小零細企業をサポートした筆者には、リスケを成功に導いた数多くの経験があります。机上だけではない、現場の経験から得た本書のノウハウがあれば、有意義にリスケを勝ち取ることが可能になります。

ノウハウの詳細は本文に譲るとして、ここでポイントを説明するとすれば、まずは、**「相手（銀行）の考え方や見方を知ること」**と**「己、つまり社長のリスクを知ること」**です。この2つを知り抜けば、社長は有利に銀行交渉を進めることが可能になります。

そして、**「リスケによって当社が再生できることを納得させる、経営改善計画を作成すること」**です。具体的に数値や方針を計画書で示すことで、リスケによる事業再生の可能性を大きくアピールすることができます。

「相手を知り、己を知り、そして『経営改善計画書』を作成できれば、百戦危うからず」というわけです。

銀行とのリスケ交渉に、どうしても気が引けてしまう社長へ

銀行との交渉において、社長の気が引けてしまう本当の原因は何でしょうか？　それは、

社長が銀行の考え方や、自分のリスク、交渉のノウハウを知らず、銀行に提出すべき書類の作成方法を知らないからです。

しかし本書によって、リスケによる事業の立て直しに向けて、進むべき道筋がはっきりと見えた社長は、何も恐れる必要はありません。

中小零細企業にとって、大変厳しい時代であるからこそ、社長は銀行と向き合う方法を知り抜く必要があります。それを知らなかったために、リスケで立て直す可能性のある社長の事業が窮地に陥ることがあったとすれば、社長にとって大きな責任問題、責任放棄です。

リスケは何も悪いことではありません。**リスケをきっかけとして、社長の事業を一から立て直し、改めて銀行返済を進めればいい**だけです。

本書によって、社長が正々堂々銀行と交渉することが可能になり、無事にリスケを勝ち取り、事業を健全に立て直す。かつて私が父にできなかった経営のお手伝いが、一人でも多くの中小零細企業の社長にできるとすれば、これ以上の幸せはないと思っています。

平成二三年春

認定事業再生士　宮内正一

CONTENTS

1年で資金繰り改善をめざす！
小さな会社のための正しい「リスケ」の進め方

2章 リスケ交渉の相手を知り抜く

3章 リスケ交渉のリスクを知り抜く

4章 交渉がスムーズに進むリスケの準備

5章 小さな会社限定！ 経営改善計画書の作り方

6章　正しく勝ち取るリスケ交渉の作法

7章 リスケ交渉終了！ ここからが本当の勝負の始まり

装丁・本文デザイン・DTP
ジャパンスタイルデザイン（山本加奈・榎本明日香）

1章

小さな会社の正しいリスケの進め方

「リスケという言葉を初めて聞いた」

「リスケという言葉は聞いたことがあるが、内容はよくわからない」

「最近、法律によって、リスケがしやすくなったと聞いたことがある」……。

資金繰りには困っているが、リスケについての知識はない、あるいは、詳しくはわからないという中小零細企業の社長。そんな社長には、正しいリスケの意義やあり方を知る必要があります。

また、最近、比較的容易にリスケを受けることができた社長。そのリスケは本当に正しい手順で行なわれたものだったでしょうか？

1章では手始めとして、小さな会社にとっての正しいリスケの進め方を知ることから始めましょう。

1 社長の責任と守るべき優先順位

・売上や利益が減っている
・銀行に融資を申し込んでも、よい返事がない
・社長の仕事の半分以上が資金繰りになっている
・税金や社会保険の納付が遅れがちになっている
・3カ月先の資金の見通しが立たない

「一体、どうしたらいいのか……」と、悩む日々が続く中小零細企業の社長！　そんな社長に質問です。

社長の会社には、一所懸命働く社員がいますか？
友好的に付き合ってくれる取引先や仕入先がありますか？
社長を応援してくれる、知人、友人、親類がいますか？

おそらく、ほとんどの中小零細企業は、３つ全てが当てはまるはずです。そのような会社の社長は、何としてでも事業を継続し、**「社長としての責任」**を果たすべきです。

私は認定事業再生士として、中小零細企業再生の現場で、多くの社長を支えてきましたが、「社長としての責任」とは、次のように考えています。

①従業員の雇用と、その家族を守ること
②取引先や仕入先に安心して取引していただき、迷惑をかけないこと
③応援していただいた、友人・知人・親類の期待に応えること
④銀行からの借入を、ちゃんと返済すること

社長の事業が破綻したら、社長だけでなく社員とその家族は路頭に迷い、取引先は連鎖倒産するかもしれません。さらに、お世話になった知人、友人、親類の期待を完全に裏切ることにもなります。

「そんなことはわかっている」。社長はそう答えるでしょう。しかし、数多くの中小零細企業の社長は、明らかな間違いを犯しています。

その間違いとは、**責任の順番**です。先ほどの①から④をもう一度見直してください。順番が逆になっていませんか？

銀行返済を全てに優先させることで、従業員、取引先・仕入先、友人・知人・親類に無理を強いる……。その結果、給料の引き下げや遅配、仕入先への支払い遅延、税金や社会保険の納付が遅れ、友人知人親類へ頭を下げ、返す見通しもないままお金を借り、一時的な場当たりで窮地を乗り切る……。

銀行に借りたお金を返済するのは当然のことですが、そんな事態に陥ってしまっては、**社長の信頼は完全に失われかねません。**

しかし、ほとんどの中小零細企業の社長は、銀行返済を最優先することを選択しがちです。「銀行返済を最優先しなければ、事業継続ができなくなるのでは……」という漠然とした、大きな恐怖心からです。

これは大変な間違いです。銀行は、社長に事業継続の信念があり、多少時間がかかっても「借りたものは返す」という意思があれば、そう簡単に社長を見捨てるようなことはありません。にもかかわらず、ほとんどの中小零細企業の社長は、つい銀行への返済を最優先する、という誤った順番を選択してしまうのです。

2 銀行と交渉すべきものはリスケ

売上利益が急減し、社長は資金繰りに奔走。銀行に相談しても、追加融資は断られた。

「商工ローンに借りようか……」

「個人のカードローンを限度額まで使おうか……」

「身内に頭を下げて金を借りようか……」

そんな考え方は一切やめましょう。「プロローグ」でも述べたように、資金繰りが仕事の半分以上を占めている小さな会社の社長は、事業を再生させるために「銀行返済のリスケジュール」を実施すべきです。**社長が資金繰りに追われている状況では、中小零細企業では再生の手段を打つことができません。**

「リスケ」とは「銀行借入のリスケジュール＝条件変更」のことです。ただし、一言で「リスケ」と言っても、「返済期間を延ばして、月々の返済額を減らす」「一時的に元金払いを少額にする」など、さまざまな方法があります。

しかし、本書におけるリスケでは、**「1年間元金返済をゼロ（または融資1本につき1万円）にすること」**をお勧めしています。理由はこれから述べていきますが、小さな会社にとって、中途半端なリスケでは、事業を立て直すことが極めて難しいのが現実だからです。

ここで間違ってはいけないのが、「利息の支払い」です。利息支払いをゼロすることは不可能なことは押さえておきましょう。

企業規模の大小を問わず、窮境状態になった企業のほとんどが、リスケを事業再生のスタートとして既に実施しています。

中小企業の再生をサポートする「中小企業再生支援協議会」という公的な組織が全都道府県に設置されています。中小企業庁が管轄している公的組織で、活動状況は随時ホームページで閲覧できますが（http://www.chusho.meti.go.jp/keiei/saisei/index.html）、活動成果の約80％がリスケジュールとなっています。

つまり、公的な機関でも、事業再生の現場では、窮境状態の企業を救う第一歩は「リスケジュールの実施」というのがすっかり定着しているということです。

事業再生の基本に則って、

・まずはリスケを実行し、

・社長が事業の再生に注力できる時間を作り、
・社長の会社を再生させる

というのは、事業再生の王道と言える方法なのです。

「確かに、1年間銀行への元金返済をゼロにすることができれば、資金繰りは落ち着くだろう。理屈はわかるが、そんなことを突然銀行に相談してもいいのだろうか？」

社長が当然に抱く疑問でしょう。まったくその通りです。何の準備もなく、突然銀行にリスケを相談すれば、社長は大変なリスクを背負うことになりかねません。

なぜなら、「プロローグ」でもお伝えした通り、「リスケを選択せざるを得ない」というのは社長の一方的な都合だからです。銀行からすれば、「一度決めた返済条件を、社長の都合で一方的に変更するリスケはもってのほか」と考えます。

そのように考えている銀行に、何の策もなく交渉しても、決してよい結果は生まれません。逆に今まで築き上げた、社長と銀行との信頼関係が崩れ、「即刻、全額返済してください」と銀行に要求されることにもなりかねません。

そんな恐怖が頭に浮かんだ社長は、リスケ交渉そのものを断念し、決してあってはならない選択を選んでしまいがちです。つまり、仕入先の支払いを遅らせる、友人知人から資金を無心する、町の金融業者から高利で借入する、従業員の給料を遅らせる、払うべき税金や社会保険が遅れる……。

まったくナンセンスです。仕入先、従業員、協力者からの信頼を失えば、社長の事業継続そのものがさらに難しくなっていきます。

そんな考えは一切頭から外しましょう。なぜなら、正々堂々、銀行とリスケ交渉を行なう方法が、確実に存在するからです。リスケを勝ち取る交渉方法を知っていただければ、社長は、何も間違った選択を選ぶ必要はありません。その基本となるのが、次の3つを「知る」ことです。

①銀行のリスケに対する考え方や、銀行の中小零細企業の見方を知る

銀行のリスケに対する考え方、銀行は社長の会社をどのような視点で見ているのかを知ることです。銀行の考え方がわかれば、社長自身で心構えが整理できる上に、具体的な対処方法を想定できます。本書では、2章の「リスケ交渉の相手を知り抜く」で詳しく説明します。

②リスケ交渉によって、社長にどのようなリスクがあるかを知る

「リスケ交渉によって、とんでもないことが起こるかもしれない」という不安を除去する必要があります。社長が不安を抱えたままでは、交渉そのものに入れません。起こり得るリスクが何かを明確にし、その対処方法が何かを知ることが重要です。3章「リスケ交渉のリスクを知り抜く」で詳しく説明します。

③銀行交渉を有利に進めるノウハウを知る

リスケ交渉は銀行という相手がある交渉です。銀行員の立場、感情、実務面の問題を、社長が考慮することが重要です。円滑に交渉を進めるためのノウハウを、4章「交渉がスムーズに進むリスケの準備」で詳しく説明します。

以上のような、基礎、理論、実践方法を押さえれば、社長が初めて経験する、「借りたお金を（一時的に）返さない」という交渉を有利に進めることが、確実に可能になります。

3 銀行が納得する小さな会社の経営改善計画書

中小企業金融円滑化法は問題の先送りでしかない？

２００９年12月に、中小企業金融円滑化法が施行されました。２０１１年３月までの時限立法でしたが、中小零細企業の業況回復が遅れている現状を踏まえ、政府は１年間の延長を決定しました。

「中小企業がリスケを申し出た場合、できる限り応じる方向に努める」ということの法律によって、比較的容易に、リスケを銀行から受けた社長もいるでしょう。

しかし、容易にリスケができた中小零細企業の多くの社長は、中小企業金融円滑化法の核心となる部分をあまりよく認識していません。

実は同法には、「**リスケから1年以内に、債務者（社長）から経営改善計画の提出がなければ、不良債権に分類する**」という旨が謳われているのです。

金融検査マニュアル別冊〔中小企業融資編〕　平成21年12月4日（金融庁ホームページより抜粋）

「債務者が実現可能性の高い抜本的な経営再建計画を策定していない場合であっても、債務者が中小企業であって、かつ、貸出条件の変更を行った日から**最長1年以内に当該経営再建計画を策定する見込みがあるときには、当該債務者に対する貸出金は当該貸出条件の変更を行った日から最長1年間は貸出条件緩和債権（不良債権の一種）には該当しないものと判断して差し支えない**とされていることに留意する。」

※太字、（　）内は筆者による

経営改善（再建）計画を提出せずに、リスケができた中小零細企業の社長は、意外とこの事実を知りません。事実を知らぬまま業績が改善せず、1年を経過したにもかかわらず、社長が新たに経営改善計画を提出できなければ、社長は不良債権先となってしまいます。そうすると、銀行はリスケどころか、融資の回収に動き出す可能性があります。

つまり、対処を誤れば、**中小企業金融円滑化法は単なる問題の先送りに過ぎない**、という

愛読者カード

書名

◆ お買上げいただいた日　　　　年　　月　　日頃

◆ お買上げいただいた書店名　（　　　　　　　　　　　　）

◆ よく読まれる新聞・雑誌　（　　　　　　　　　　　　）

◆ 本書をなにでお知りになりましたか。

1．新聞・雑誌の広告・書評で　（紙・誌名　　　　　　　　）

2．書店で見て　3．会社・学校のテキスト　4．人のすすめで

5．図書目録を見て　6．その他（　　　　　　　　　　　　）

◆ 本書に対するご意見

◆ ご感想

●内容	良い	普通	不満	その他（　　　　）
●価格	安い	普通	高い	その他（　　　　）
●装丁	良い	普通	悪い	その他（　　　　）

◆ どんなテーマの出版をご希望ですか

<書籍のご注文について>

直接小社にご注文の方はお電話にてお申し込みください。宅急便の代金着払いにて発送いたします。書籍代金が、税込1,500円以上の場合は書籍代と送料210円、税込1,500円未満の場合はさらに手数料300円をあわせて商品到着時に宅配業者へお支払いください。

同文舘出版　営業部　TEL：03－3294－1801

料金受取人払郵便

神田支店
承　　認
8823

差出有効期間
平成25年1月
31日まで

郵便はがき

1 0 1 - 8 7 9 6

5 1 1

（受取人）
東京都千代田区
神田神保町1—41

同文舘出版株式会社
愛読者係行

毎度ご愛読をいただき厚く御礼申し上げます。お客様より収集させていただいた個人情報は、出版企画の参考にさせていただきます。厳重に管理し、お客様の承諾を得た範囲を超えて使用いたしません。

図書目録希望　　有　　無

フリガナ お名前		性　別 男・女	年　齢 才
ご住所	〒 TEL　（　　）　　Eメール		
ご職業	1.会社員　2.団体職員　3.公務員　4.自営　5.自由業　6.教師　7.学生 8.主婦　9.その他（　　　）		
勤務先 分　類	1.建設　2.製造　3.小売　4.銀行・各種金融　5.証券　6.保険　7.不動産　8.運輸・倉庫 9.情報・通信　10.サービス　11.官公庁　12.農林水産　13.その他（　　　）		
職　種	1.労務　2.人事　3.庶務　4.秘書　5.経理　6.調査　7.企画　8.技術 9.生産管理　10.製造　11.宣伝　12.営業販売　13.その他（　　　）		

ことになるのです。

リスケ交渉の際は、**経営改善計画書の作成が不可欠**です。初めてのリスケでも二度目のリスケでも「必須」という意味では同じです。

特に中小企業金融円滑化法で、経営改善計画書なしにリスケをした社長は、自分が深刻な状態に置かれていることを知る必要があるでしょう。

既にリスケを実行している場合、最終期限が到来して、以前の返済状況に戻れない場合は、再度銀行にリスケをお願いしなければなりません。今度こそは、銀行がリスケに納得する経営改善計画書を、銀行に提出しなければならないからです。

特に二度目のリスケの場合、初めてのリスケより経営改善計画書の実現可能性を厳しく問われます。社長にとって大きな正念場です。

小さな会社には小さな会社の経営改善計画書

それでは、銀行がリスケを納得する経営改善計画書とは、どのようなものでしょうか？

作成方法は？　具体的な中身は？　ポイントは？

大型書店に行けば、数多くの「経営改善計画」「事業計画」のノウハウ本が置かれています。しかし、それらの多くは売上が10億円以上の「中小企業」向けであって、売上が1億円から10億円程度、銀行借入が数千万円から数億円程度の**「中小、特に零細企業の社長」向けではありません。**

各銀行が独自に策定している計画書のひな形もありますが、慣れない中小零細企業の社長が、何の予備知識もなく作成するのは、極めて難しいのが実情です。

そこで本書では、売上が1億円から10億円、銀行借入が数千万円から多くても10億円程までの中小零細企業に特化した経営改善計画書の作成方法から、その実行方法までを詳しく説明します。

①経営改善計画書の具体的作成方法

中小企業、特に零細企業向けの経営改善計画書の作り方を、5章「小さな会社限定！経営改善計画書の作り方」で具体的に説明します。

②経営改善計画書に基づく銀行への要求内容

経営改善計画書が完成すれば、計画書を銀行に持参し、社長がしっかりと担当者に説明しなければなりません。その際に気をつけるべき作法と、社長が意義あるリスケを勝ち取るために必ず主張しなければならない内容を、6章「正しく勝ち取るリスケ交渉の作法」で詳しく説明します。

③経営改善計画書の具体的実行方法

経営改善計画書は、作って銀行に提出して終わりでは決してありません。計画書は、守るべき銀行との約束事です。その実践については、7章「リスケ交渉終了！ ここからが本当の勝負の始まり」で詳しく説明します。

以上のように、本書では経営改善計画の内容、意味と作成方法を細かく説明しますので、ほとんどの社長にとって、経営改善計画書の作成は十分クリアできるでしょう。

問題は、経営改善計画を銀行に提出し、無事リスケを受けることができた、その後です。銀行に提出した経営改善計画は、実行されなければ意味がありません。

「社長の決断がトップダウンで伝わる小さな会社のほうが、経営改善の実行が早い」と思われるかもしれませんが、それは中小零細企業の現場を知らない人の考えです。

大企業であれば、複数の取締役や各部署の部課長などが力を合わせて、目的達成のために努力するでしょう。大企業の社長はあまり実務に携わることなく、社員の陣頭指揮を執り、モチベーションを高めることが最大の任務になります。

しかし、**小さな会社ではそうはいきません。**おそらく全ての内容について、社長が陣頭指揮を執り、社員のモチベーションを保ちつつ、実務も自分自身が行なわなければ、経営改善計画の実行は不可能です。

小さな会社にとってリスケは事業再生の有効手段

中小零細企業の社長は孤独です。たった一人でこれら全てを実践しなければなりません。一人きりで、初めての事柄すべてを、自らが実践しなければならない小さな会社の社長にとって、計画を実行に移していくには圧倒的に時間が足りません。

そんな中小零細企業の実態を考え、本書では**「期間1年間のリスケ」**を推奨しています。

私たち事業再生コンサルタントの世界では、リスケはしょせん「止血」でしかないので、事業の抜本的な再生とは言えないとされています。リスケはあくまで「時間稼ぎ」の手段であって、「目的」ではないということです。そのため、「安易なリスケは金融機関との関係を損ね、逆効果になりかねない」と考えるコンサルタントがいるのも事実です。

教科書的にはまったくその通りですが、**中小企業、特に零細企業が再生する現場においては、事情が異なります。**

ほとんどの中小零細企業では、社長が財務担当として銀行と交渉し、経理をチェックし、トップ営業マンとして得意先を走り回り、現場で新製品を開発し、また、新サービスを考え出す企画マンを兼ねています。

他人から見ればノンビリに見えているときも、頭は24時間フル稼働のはずです。社長以下、社員総がかりで経営改善に取り組むことができる、大企業や中堅企業とは違うのです。

小さな会社の社長にとって**「時間稼ぎ」の重みは、計り知れない**ものがあります。小さな会社の実態を考えれば、「リスケ」は極めて有効な事業再生の第一歩なのです。

私はそんな小さな会社の社長ばかりをサポートしてきました。その実地経験を初めて皆さんに公開します。教科書とは一味違う、『小さな会社のための正しい「リスケ」の進め方』本編のスタートです。

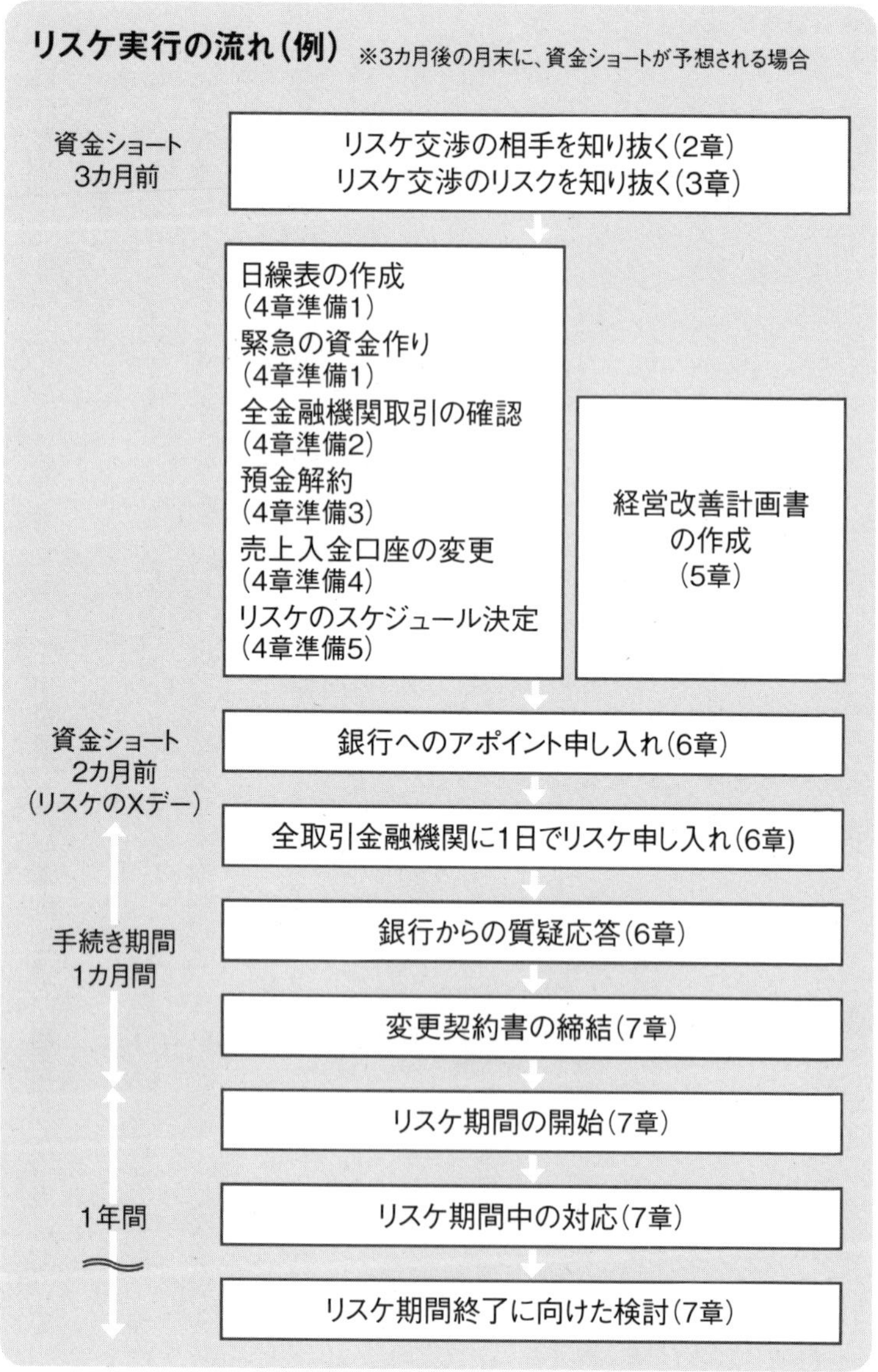
リスケ実行の流れ（例）
※3カ月後の月末に、資金ショートが予想される場合
資金ショート 3カ月前
リスケ交渉の相手を知り抜く（2章）
リスケ交渉のリスクを知り抜く（3章）
日繰表の作成（4章準備1）
緊急の資金作り（4章準備1）
全金融機関取引の確認（4章準備2）
預金解約（4章準備3）
売上入金口座の変更（4章準備4）
リスケのスケジュール決定（4章準備5）
経営改善計画書の作成（5章）
資金ショート 2カ月前（リスケのXデー）
銀行へのアポイント申し入れ（6章）
全取引金融機関に1日でリスケ申し入れ（6章）
手続き期間 1カ月間
銀行からの質疑応答（6章）
変更契約書の締結（7章）
リスケ期間の開始（7章）
1年間
リスケ期間中の対応（7章）
リスケ期間終了に向けた検討（7章）

2章

リスケ交渉の相手を知り抜く

交渉事には相手があります。当然、相手の事情を何ら考慮せず、一方的にお願いするだけでは、望ましい結果を導くことは難しいものです。

社長は、交渉相手となる銀行という企業やその担当者が、リスケに対してどのような基本認識を持っているか、考えたことがあるでしょうか？

99％の方は「考えたことがない」、または「考えてもわかるわけがない」と思っているでしょう。

孫子曰く、「敵を知り、己を知れば百戦危うからず」です。銀行は決して敵ではありませんが、銀行担当者の考え方、銀行という企業の考え方、銀行個別の事情を把握していれば、交渉事はスムーズに運ぶはずです。

1 銀行員は社長が返済できないことを知っている？

毎月資金繰りに追われ、やっと銀行返済を実行している社長。実は銀行員は、「社長は返済できる状態ではない」ということを知っています。

少し舌足らずでした。銀行員は、**社長の会社が生み出すキャッシュフローでは返済できないということを知っています。**

その確認方法が、**毎年の決算書の精査**です。社長の会社の決算が出る時期に、「前期の決算書を提出してください」と銀行から必ず要求されるはずです。銀行員は、社長が毎年提出している決算書によって、静かに注視しているのです。

私が新規クライアントから相談を受ける際にも、必ず決算書を見せていただくようにしていますが、そこでは2つのことに着目します。

1つ目は、**決算書は実態を表しているか否か。**もし実態を表していないのならば、その事情を仔細に尋ねてから、話を進めるようにしています。

2つ目に、**キャッシュフローで銀行の元金返済ができる状態か否か**を注視します。これはたった5分でできる計算です。社長も今すぐ電卓をご用意ください。計算に必要なのは、「直近の決算書」と「銀行の返済明細表」だけです。

①銀行の返済明細表から、1年間の元金返済額の合計を出す……A
②決算書の損益計算書の「税引後当期利益」に「販売費及び一般管理費と製造原価報告書の減価償却費」を足す……B
③AとBのどちらが多いか見比べる

Bはいわゆる年間のキャッシュフローです。Aの銀行への元金返済は全てBのキャッシュフローで賄わなければなりません。

本書の読者の場合、キャッシュフローより、銀行への元金返済が多いのではないでしょうか？　その場合、理論的には何をどうしても銀行返済はできません。できているとすれば、今は手元資金や資産を食い潰しているだけで、遅かれ早かれ、資金繰りは破綻へと向かいます。

社長が返済を続けられないとわかっているのに、なぜ、銀行員はリスケのアドバイスをし

年間のキャッシュフロー計算例

（千円）

損益計算書	
売上	500,000
売上原価（製造原価）	300,000
売上総利益	200,000
販売管理費	185,000
営業利益	15,000
営業外収益	2,000
営業外費用	8,000
経常利益	9,000
特別利益	1,000
特別損失	2,000
税金	1,000
税引後当期利益①	**7,000**

（千円）

販売費及び一般管理費	
役員報酬	10,000
給与手当	120,000
福利厚生費	1,000
地代家賃	12,000
修繕費	1,000
事務用消耗品費	1,000
通信交通費	4,000
水道光熱費	3,000
租税公課	3,000
会議費	500
交際接待費	4,000
減価償却費②	**5,000**
保険料	2,000
消耗品費	1,000
賃借料	5,000
支払手数料	3,000
図書費	500
雑費	8,000
合計	184,000

（千円）

製造原価報告書	
期首材料棚卸高	10,000
材料仕入高	200,000
期末材料棚卸高	10,000
（材料費）	200,000
賃金	50,000
厚生費	1,000
（労務費）	51,000
外注費	18,000
減価償却費③	**20,000**
修繕費	1,000
賃借料	3,000
保険料	1,000
消耗品費	1,000
燃料費	3,000
雑費	2,000
（経費）	49,000
当期製品製造費用	300,000
期首仕掛品棚卸高	10,000
期末仕掛品棚卸高	10,000
当期製品製造原価	300,000

（千円）

①損益計算書の税引後当期利益の額		7,000
②販売費及び一般管理費の減価償却費		5,000
③製造原価報告書の減価償却費		20,000
年間キャッシュフロー	①＋②＋③	**32,000**

・直近の決算書から、損益計算書、販売費及び一般管理費、製造原価報告書を取り出す
・製造原価報告書が決算書にない場合は、損益計算書と販売費及び一般管理費で計算

てくれないのか？　理由は大きく2つあります。

1つ目は、**安易にリスケを勧めると、それが常態化する可能性が高い**ことを、銀行は経験で知っているからです。

これは、私も銀行員時代に幾度も経験したことです。経営者は、銀行がよかれと思って提案した条件変更（＝リスケ）について、そのときは大いに喜び、経営の改善を約束してくれます。しかし、時が経つと、利益が出ているにもかかわらず、返済条件を元に戻すことに難色を示す、という事例が少なくないのです。ひどい場合は、銀行返済は少額のまま、社長が高額な役員報酬を取り続けるケースもありました。「のど元過ぎれば熱さを忘れる」の典型です。

2つ目の理由としては、銀行は、**社長が応援すべき経営者かどうか、その資質や姿勢を見守っている**のです。社長と銀行の取引は、全て厳格な契約に基づくものです。銀行員は、社長が契約を守ろうと努力する人か否かを見ています。

具体的に言えば、銀行返済を守りたくても会社には返済すべきキャッシュがない状態の場合、キャッシュを補てんするため、社長の私財を会社に投入する、または遊休資産を売却して資金繰りに充てるなどの自助努力をしているか？　そのような姿勢が社長にあるかどうかを見ているのです。

2 銀行の担当者がリスケを嫌がる本当の理由

「銀行員にリスケを相談してもなかなか応じてくれなかった」「あれだけ頼んだのに何もしてくれない」……。私どもに相談に来られるお客様から、度々聞かされる話です。

なぜ、銀行員はリスケを嫌がるのでしょうか？　正確に言えば、銀行員はリスケを嫌がっているのではありません。**社長の話だけでは、リスケの稟議書を上げられないことを心底嫌がっているのです。**

稟議制度は、日本独特の意思決定システムとして、ほぼ全ての金融機関が取り入れています。銀行によって多少システムに違いがあるかもしれませんが、リスケの場合は、「融資稟議書（条件変更稟議書）」という名目で、大体次のような流れで決裁が進んでいきます。

支店の担当者（融資担当または営業担当）が融資稟議書を起案

↓

支店の融資担当役席者（課長・支店長代理・次長）が稟議書をチェック

↓

ＯＫなら支店長に回り、支店長が支店として本部に回すか、決裁

↓

本部（融資部・審査部等）の担当者が、形式等をチェックし、部長に回すか否か判断

↓

本部部長が決裁

社長の会社なら、社長の判断で簡単に決定することも、銀行の稟議制度ではいくつもの階段を上って、やっと決裁が下りるという形を取ります。当然時間もかかります。スムーズにいっても1～2週間はかかると思って間違いないでしょう。

しかも、稟議書を起案する担当者はスムーズに決裁を通すため、慎重な準備が必要です。稟議書が各階段を上がっていく際には、あくまで起案したままのものが上がっていきます。途中の人々が「このようにしたら、うまくいくな」などと、訂正してくれることはありません。ダメな場合は担当者に一気に差し戻すのが通常です。その場合、担当者は差し戻された

稟議書を改めて点検し、不足資料を新たに加えて上げ直す、という作業になります。

稟議の決裁は、スムーズにいって1～2週間と言いましたが、それが差し戻しとなれば、改めて稟議の作り直しに1週間、さらに決裁を通すために1～2週間……結果としては1カ月以上もかかってしまうのです。

しかも、一旦差し戻された稟議が再度上げられる場合、各決裁者が以前より厳しい目で見ますので、決裁してもらえる確率が下がりがちです。

スムーズにいかない仕事は、誰だって前向きに取り組みたくありません。場合によっては、担当者が行内評価を下げられることもあります。リスケ稟議を起案する支店担当者は、**一発で本部の決裁が通る稟議書を起案したい**のです。

社長からすれば、「そんなに稟議書が大事なら、資料作りにもっと協力してくれればいいじゃないか」と思われるでしょう。しかし、近年の銀行員は、昔ほど顧客に向かい合う時間がない、という現実があります。ここ20数年間、銀行業界そのものが大幅なリストラによって人員削減を徹底し、サービス残業を一切禁止しているからです。

かつて銀行員といえば、猛烈に働くというイメージがありましたが、近年は、金融当局が銀行のコンプライアンス（法令遵守）を厳しくチェックし、サービス残業は一切認めない、という指導をしています。銀行にもよりますが、サービス残業を起こさせないために、夕刻以降銀行に電話をしても留守電になっていたり、夜7時には強制的に支店を退出させる、という銀行もあるようです。

時間の制約がある銀行員に、積極的にリスケの稟議を起案してもらうために必要なのが、「経営改善計画書」です（詳細は5章）。

内容が充実した経営改善計画書があれば、銀行員は何も嫌がりません。簡単に稟議書が書ければ、時間制約のある中で稟議書を起案できるので、一安心です。しかも、「取引先の社長によく経営指導をしている」と、行内の評価も高くなるでしょう。

銀行員が求める、充実した内容の経営改善計画書を提出できれば、担当者は前向きにリスケに取り組めるのです。

3 銀行がリスケを嫌がる本当の理由

前項は「**銀行の担当者**がリスケを嫌がる本当の理由」を述べました。本項では、「**銀行という企業・組織**がリスケを嫌がる本当の理由」が何かを明確にしたいと思います。

銀行という企業・組織はリスケを実行することを嫌がっているのではありません。リスケによって、今まで何の問題もなかったと判断していた社長への融資を、「不良債権扱い＝業績の赤字要因」にしなければならなくなることを、心底嫌がっているのです。

不良債権→赤字のシステム

銀行と融資取引がある会社は、全てランキングされています。

ランキングは「**債務者区分**」という名称で、正常の取引先から不良債権の取引先まで、6つの段階に区分されています（43ページ表）。

銀行にとって問題なのは、各債務者区分において、適正な**「貸倒引当金」**を積まなければならないことです。貸倒引当金とは、将来発生する損失見込み額を、毎年の利益から事前に差引くものと考えてください。

次頁の表を見ていただくと、正常先の融資については、ほとんど貸倒引当金を積む必要がありません。

正常先は銀行にとって、**「金利収入≒売上」**という計算になります。

しかし、破綻懸念先となれば、どうでしょうか？　この表の銀行であれば、無担保部分の約75％を、事前に貸倒引当金として差引く必要があります。

話を簡単にするため、事例で説明しましょう。銀行がA社に無担保、金利5％で貸付けている1億円が破綻懸念先に区分されたとします。

銀行は75％、つまり７５００万円を貸倒引当金として、はじめから積まなければなりません。銀行は5％の金利収入がありますが、年間５００万円だけです。きっちり金利は支払ってもらっても、差引年間７０００万円の赤字が発生することになり、銀行にとっては早急に問題を解決しなければならない大問題です。

債務者区分と貸倒引当金の例

債務者区分		銀行の一般的な貸倒引当率の例
正常先	文字通り、特段の問題がない会社のこと。ほとんどの会社はここにランキングされている。	債権額の0.1～0.5%程度
要注意先	金利減免や棚上げなど、貸出条件に問題のある債務者。業況が低調・不安定な債務者。	
要管理先	要注意先の中でも、債権の全部、または一部に3カ月以上の延滞が発生している債務者。	債権額の約15%程度
破綻懸念先	今後、経営破たんに陥る可能性が高い債務者。	債権の無担保部分の約75%程度
実質破綻先	法的・形式的な経営破綻の事実は発生していないものの、深刻な経営難で再建の見通しがない債務者。	債権の無担保部分の約100%
破綻先	法的・形式的な経営破綻の事実が発生している。破産・民事再生・会社更生等の状況。	

引当率は各銀行が独自に設定するので、銀行毎に違う率になっている

銀行と取引のある企業はほとんどが正常先です。そもそも銀行と取引を開始する時点で、正常先と認められない企業に対しては、原則銀行は融資を行ないません。

リスケを銀行に申し出るということは、銀行にとって、正常先である社長の会社を、ランクダウンするかどうか、検討しなければならない事態となるということです。

金融庁のホームページでは、金融機関を監督する際の指針が公表されています。

「（融資先が）**実現可能性の高い抜本的な経営再建計画**に沿った金融支援の実施により経営再建が開始されている場合には、当該経営再建計画に基づく貸出金は貸出条件緩和債権（＝不良債権）には該当しないものと判断して差し支えない」（中小、地域金融機関向けの総合的な監督指針、平成21年12月4日）

※太字、（）内は著者による

言い換えれば、「実現可能性の高い抜本的な経営再建計画があれば、不良債権扱いしなくてよい」ということです。

つまり、銀行に嫌がらずにリスケをしてもらうには、**不良債権扱いにならないことを証明できる「経営改善計画書」**を、**社長自身が作成し提出できればいい**のです。

4 リスケを受け入れやすい銀行と受け入れにくい銀行

私がクライアントから依頼を受ける場合、必ずリスケをお願いする銀行の「ディスクロージャー誌」をホームページで閲覧するようにしています。

理由は簡単明快。相手（銀行）に個別事情があるか否かを、事前に承知しておくためです。「ディスクロージャー誌」とは、「金融機関が経営内容等を開示する冊子」のことで、平成10年度決算から法定化され、現在は全ての金融機関が発行、及びホームページで閲覧できるようになっています。

銀行に預金を預ける人は、その銀行の健全性を見たいでしょうし、融資を受ける事業主も、継続して長いお付き合いできる銀行かどうかを判断するためには、**銀行の実態を知る必要があるから**です。

私の経験上、社長が取引銀行のディスクロージャー誌を毎年見ている、という方はあまりいません。多くの社長は「見てもよくわからない」と思っているのでしょう。

しかし、ディスクロージャー誌には、銀行の業績や今後の方針が明確に記載されています。場合によっては、社長の事業と関連することがあるかもしれません。

特に、リスケにつながる要因としては、**銀行の業績に関連する項目**でしょう。業績が芳しくなく、赤字が続いている銀行は、業績好調な銀行よりはるかに強く、不良債権の増加を恐れています。

業績が特段悪くなくとも、国の公的資金が入っている銀行、合併が控えている銀行などの個別の事情を持つ銀行も、業績悪化には非常に敏感です。

先ほども説明した通り、不良債権増加による業績の悪化は、どの銀行も等しく嫌がるものですが、特に業績が芳しくない、または業績を下げてはいけないといった個別事情がある金融機関ほど不良債権増加を恐れ、取引先の支援に繋がるリスケには応じる可能性が高いと言えます。

別の視点で見れば、**規模の小さな金融機関（信用金庫や信用組合も含む）**も、リスケを受け入れやすいと考えられます。

規模の小さな地方銀行、信用金庫や信用組合は、元々大企業との取引はほとんどありません。中小零細企業が主たる取引先であり、大手銀行にとっては小さな取引先でも、彼らにとっては大事な中堅の取引先になることが多いからです。

また、信用金庫や信用組合などの地域金融機関では、設立の趣旨に、「中小零細企業の発展に寄与することを使命とする」という内容が含まれているため、メガバンクや地方大手銀行より、中小零細企業を守ろうという姿勢が鮮明です。規模の小さな金融機関は、リスケの相談に柔軟に対応する姿勢を持っていると言えるでしょう。

リスケを受け入れにくい銀行

リスケ交渉において注意すべきは、業績に何ら問題のないメガバンクや、地方大手の金融機関です。そのような金融機関に、経営改善計画も持たず、安易なリスケ交渉を行なうのは、大変危険な行為です。

残念ながら大手金融機関にとって、中小零細企業は、その他大勢の取引先に過ぎない場合が大半です。その他大勢の一つにしか過ぎない取引先に対して、大手の銀行員は親切に時間を割いて相談に乗る、という感覚はどうしても希薄になりがちです。

仮に担当者が親切に相談に乗っても、上席者や支店長は、**その他大勢の小口先に対して、大きな関心など持たないのが実態**と思われます。

大手金融機関は、小口先に大きな関心もなく、時間も取りたくありません。そんな状況で、社長が必要な資料も提示せず、リスケの必要性と業績改善策をうまく説明ができなければ、ますます親身に対応してはくれないでしょう。

比較的柔軟に対応してくれる信用金庫や信用組合と、小口先に大きな関心を持たない大手金融機関。社長が双方と取引がある場合、社長は、**リスケを受け入れにくいと想定される、大手金融機関にも通用するような交渉**を行なうべきです。

リスケの失敗事例で多い一つが、リスケを受け入れやすい銀行（話をしやすい信用金庫や信用組合）には了解を取りつけたものの、リスケを受け入れにくい銀行（話をしにくい大手金融機関）との交渉が進まず、結果として全ての銀行とうまくいかない場合です。

リスケには、比較的に受け入れやすいタイプの銀行と、受け入れにくいタイプの銀行があることを心得ましょう。

5 融資の内容によって、リスケの受け入れやすさが違う

一般的に、銀行から融資を受けている社長にとって、「返済しなければならない」という想いは、借りている金額に比例すると思います。100万円程度であれば、大きな精神的負担はないでしょうが、億の単位となれば、社長は相当強く、プレッシャーを感じるでしょう。

しかし、社長のプレッシャーに反し、銀行にとっては、融資の回収見込という観点において、**融資金額の大小はあまり大きな意味を持ちません。**

銀行は融資金利を収益の基本としています。ですから特段の事情がない限り、融資を拡大したいと考えています。ただし、無尽蔵に拡大したいわけではありません。万一の際、融資の回収が確実となる担保を必要とします。

銀行では、融資額と確実な回収見込額の差を**「与信」**といい、与信の金額をきっちりと数字で管理しています。与信額が大きな融資先は、融資金額の大小を問わず、注意深く観察し

なければならない企業と考えています。

逆に与信額が小さい、あるいは担保の価値が高いために与信額がマイナスの取引先は、融資金額が多額であっても、安心して取引しています。

リスケにおいても、銀行は同様の見方をします。

つまり、与信額が多額な融資先のリスケについては、かなり慎重に考えますが、与信額がゼロやマイナスの先には、書類等の体裁さえ整えば、比較的容易にリスケに応じます。

問題は、この「与信額」の考え方について、社長と銀行の見解がまったく異なることが多いという実態です。私の過去の経験でも、「これだけの担保があるのに、銀行は貸してくれない」「リスケを渋る」と悩む社長にたくさん出会いました。

大事なことは、銀行が見ている「与信額」を社長が正確に把握することです。正確に把握することで、リスケを申し入れる心構えと、準備する資料の精度が大きく変わります。

社長の与信額は簡単に計算できる

社長の与信額は、簡単に計算できます。

与信＝社長が銀行から受けている融資額－社長が銀行に差入れている担保の価値

しかしながら、銀行の査定した与信額と社長が想像する与信額は、大きくかけ離れることがあります。その原因は、銀行は担保の評価額に一定の掛目をかけて、担保の価値額を割り出すためです。

銀行は、万一の際、確実な回収を図るために担保を取ります。万一を想定しますから、「**担保が確実に換金される金額**」を想定します。そのために、掛目がかけられるというわけです。

たとえば、融資銀行の預金担保であれば、銀行は預金証書を社長から預っています。加えて、預金は金利で増えることがあっても、目減りすることはありません。ですから、担保掛目は100％です。

しかし、上場株式等の価値が日々上下する、有価証券はどうでしょうか？　社長にとっては、「1000万円の価値のある株式だ」と思っていても、銀行からすれば、株式は社長との長い取引の間、価値は常に上下していることを認識しています。

銀行の担保規定は、銀行が個々に設定していますので、何が正しいとは言えませんが、概ね50％程度で評価しているようです。

次いで適正な価値を見出しにくいのが、土地建物等の不動産です。誰もが知る通り、不動産の価値は、時代によって大きく変化しています。土地の評価については、以下の4つの見方が存在します。

①**公示価格と基準地価**……公示価格は国土交通省の調査による価格。基準地価は各都道府県の調査による価格。全ての土地の価格を調査するものではない。あくまで土地取引の参考価格となるもの。

②**路線価**……国税庁が定める、相続税や贈与税の財産を評価するための価格。公示価格の8割程度を目安に決定される。

③**固定資産税評価**……固定資産税を算出するため、市町村にある固定資産課税台帳に登録している価格。土地については公示価格の7割程度が目安となる。公示価格・基準地価・路線価のように公にされず、原則納税義務者のみ知ることができる。

④**時価**……その名の通り、実勢の価格。バブル時には路線価の2～3倍に跳ね上がったり、バブル崩壊時には極端に下がったりする。

地価の評価は、時代によって大きく変動しますが、金額の大きい順に並べると、概ね次のようになると考えられます。

時価 ≧ 公示価格と基準地価 ＞ 路線価 ＞ 固定資産税評価

多くの銀行が採用しているのは、路線価です。公示価格や基準地価は一定ポイントしかわかりませんし、固定資産税評価は原則、所有者しか把握できません。

しかし路線価ならば、おおよそ日本全国の地価を簡便にインターネットで調べることができます。

ただでさえ時価よりも低い価格にしかならない路線価ですが、銀行は将来の地価下落に備え、掛目は70％というのが一般的です。となれば時価の半分程度しか担保価値がないということです。土地の評価額を、時価と考えている社長からすれば、がっかりな話かもしれません。

価値が年々減っていく、建物の評価はどうでしょうか。

さまざまな理屈で、建物の評価を出すことはできますが、銀行の評価実態と乖離が少ない

与信額の計算（例）

銀行からの借入額	100,000,000円	与信額
担保預金（掛目100%）	2,000,000円	98,000,000円
担保株式（掛目50%）	5,000,000円	93,000,000円
担保土地（路線価×面積㎡×70%）	30,000,000円	63,000,000円
担保建物（固定資産評価額×70%）	5,000,000円	58,000,000円
保証協会※	60,000,000円	▲2,000,000円

※保証協会の保証割合は80%と100%があるが、ここでは考慮していない

担保価値の出し方としては、建築コストの50～70％程度で評価される、固定資産評価額で見るのが妥当でしょう。ただし、これも土地と同じく担保掛目は70％です。

社長の与信額を計算しよう

社長の与信額計算の参考にするため、ここでは簡単な事例を紹介します。

- **事例の社長は、銀行から1億の借入がある**
- **担保預金は200万円と、時価1000万円の上場株式**
- **土地建物も担保になっている**
- **保証協会付融資が6割を占める**

このような事例の社長であれば、右図のように、与信額は▲200万円となります。ということは、銀行にとって万一の事態が発生しても、まったく損失は発生しないということです。つまり、社長の精神的プレッシャーには関係なく、銀行は意外と安心して社長と取引をしているのです。

なんだか気が抜けたような話ですが、事例のような状況は、実は中小零細企業には多く見られる現象です。

その最大の理由は、「信用保証協会付き融資」の存在です。

信用保証協会は中小零細企業の味方

信用保証協会とは、担保力の少ない中小企業が金融機関から融資を受ける際、その融資を保証することで中小企業の資金調達を手助けする公益法人です。

近年、銀行は中小零細企業に対して「信用保証協会付き融資」を強力に推進してきました。多くの中小零細企業は、銀行員から「まずは信用保証協会付きで融資を検討します」と提案されたはずです。信用保証協会付き融資が大半を占める中小零細企業は、銀行から見れば与信額は意外に少額なことが多いものなのです。

先ほどの事例の社長は、1億円という大金の返済を真剣に考えています。しかし、銀行にとって与信額はマイナスですから、最悪の事態が発生しても債権回収は問題ありません。真剣に返済を考えている社長ほど、銀行は深く考えていないのです。借金の重みという意味で、社長の意識と銀行の感覚は、かなりのズレがあるということです。

「信用保証協会」は、信用保証協会法に基づき、中小企業者の金融円滑化のために設立された公的機関です。いわば、中小零細企業の味方です。

社長の事業の業況が多少低迷したからといって、銀行に保証をやめるとは決して言いません。個々の取引内容にもよりますが、**信用保証協会付き融資の利用が多い中小零細企業は、リスケを受け入れてもらいやすい**と考えてよいでしょう。

COLUMN

リース会社にもリスケ交渉できる

銀行にリスケ交渉すると同時に、もう一つの重荷「リース会社への支払い」を少なくできれば、と思う社長は多いと思います。特に機械や設備に多額の投資を行なっている企業には切実な問題でしょう。

従来、リース会社が月々のリース料を減額する、ということはあまり聞かれませんでした。しかし、昨今は様相が大きく変わってきました。きっかけは、平成22年12月に施行された中小企業金融円滑化法です。

この法律は、銀行・信用金庫・信用組合といった金融機関を対象にしていますが、この趣旨をリース会社も倣うようにと、経済産業省は社団法人リース事業協会に「支払い猶予や契約期間延長等の申し込みがあった場合は、柔軟かつ適切な対応を行なう」ように要請しています。

その結果、従来なかなか認められなかったリースのリスケが、かなり交渉しやすくなりました。

それでは、リース会社に対して具体的にリスケを依頼する場合は、どのようにしたらよいのでしょうか？　結論から言えば、銀行と基本姿勢は全く同じです。銀行提出用に作成した経営改善計画書を持参し、丁寧にリスケを依頼するだけです。

ただし、十分注意しなければならない点があります。今回の経済産業省の動きは、あくまで業界団体に対する「要請」であることです。リース会社の担当者は「あくまで国からの要請であって、守るべき法律ではない」という認識を持っていますので、銀行以上に真摯な姿勢で臨むべきでしょう。具体的に注意点すべき点は、以下の通りです。

①リスケの依頼はまず銀行から行ない、リース会社はその後にする

リース会社は、そもそも「リスケを受け入れる文化」が希薄です。社長の取引銀行がリスケを受け入れていない段階で、リース会社にリスケを依頼してもまず受け入れられません。

ですから銀行とのリスケ交渉終了のタイミングで、リース会社に依頼をかけるようにしましょう。「取引銀行がリスケを受け入れた」という状況であれば、リース会社の担当者もリスケ稟議を申請しやすくなります。

②リスケで減額できる金額には限度がある

銀行に対するリスケ交渉では、本書は元金返済額ゼロを念頭においていますが、リース会社については「銀行と同じく、元金ゼロの利息相当額の支払い」という交渉はまず通りません。

リース取引は、設備・機械・車両等の資産を背景として行なわれます。背景となる資産は、年々劣化していきますから、銀行と同じようにはならないのです。

業界団体への要請からまだ日が浅いので、どこまで支払い額を減額できるかについては難しいところですが、私の経験則では、月額支払い額を2分の1に減らす事は十分可能です。経営改善計画の中身によっては3分の1も交渉余地はあります。

③リスケを受け入れる事ができるのは6カ月

銀行はリスケを受け入れる場合、6カ月から1年という期間を想定してくれますが、リース会社に「リスケ期間1年」と依頼しても困難です。

まずは6カ月のリスケ期間を要請しましょう。ただし「銀行には1年のリスケを受け入れてもらったので、6カ月後も再度リスケをお願いすることになる」とはじめから主張しておきます。そうすれば、6カ月後の交渉で、事実上銀行と同じ1年のリスケを勝ち取れる可能性が高まります。

銀行よりもハードルの高くなりがちな、リース会社とのリスケ交渉です。銀行交渉とは異なる3つのポイントがあることを、押さえておきましょう。

3章

リスケ交渉のリスクを知り抜く

いざ銀行とリスケ交渉をしようと決断しても、「もし交渉に失敗したらどうなるのだろうか」という不安が必ずあるはずです。

リスケ交渉によって、社長にどんなリスクが発生する可能性があるのでしょうか？

本章では中小零細企業再生の現場で、クライアントの社長から、リスケ交渉で発生し得るリスクについて、よく質問される事項を整理したいと思います。

1 リスケしたら二度と銀行が貸してくれなくなるのでは？

一度リスケを勝ち取って、近い将来リスケ期間が完了し、銀行への返済が以前の状況に戻ったとしても、必要な運転資金や設備資金の融資を受けることができなければ、事業の将来性は不透明なままです。

しかし、「二度と貸してくれなくなる」というのは、間違いです。銀行は、**リスケ中は新規融資を行なうことが難しい**というのが、正しい答えです。

考えてみれば当然です。社長の会社は、リスケを依頼するほどキャッシュのない状態です。キャッシュがなければ、融資返済の目途が立たないわけですから、新規融資が行なわれるはずがありません。

しかし、無事にリスケ期間が満了し、社長が銀行に元金返済を再開すれば、話は別です。社長の会社は正常化したわけですから、堂々と新規融資を申し込めばよいのです。

ただし、忘れてはいけないのが、社長が相当期間のリスケを銀行に飲んでもらったように、銀行も社長が正常化してから相当期間、およそ1年程度は様子を見たいと思っているということです。

リスケ期間が終わったからといって即、融資を申し込んでも、新規融資を了解してもらうのは難しいかもしれません。銀行もリスケに協力してくれたのですから、ここは我慢の1年です。無事に我慢の期間が経過し、決算が黒字に転換。そして明確な資金使途の融資であれば、取引銀行が新規融資に十分応じてくれる状態になります。

リスケすることを取引先が知ったらどうしよう？

また、社長がリスケをするにあたって、取引先に対して恐れるのは、「リスケをしていることが取引先に知れたら、信用不安が起こるのではないか」「ライバル会社が悪評を撒き散らしたらどうしよう」というようなことでしょう。

後ほど詳しく説明しますが、**リスケとは、銀行と社長が合意の上で、融資の条件変更を契約すること**です。ちゃんと所定の利息を支払うことに合意し、契約するわけですから、社長は銀行から見て正常な取引先ということです。

「リスケ＝不良債権＝銀行からの回収先」という誤解が、「取引先が知ったらどうしよう」という不安に繋がっていると考えられますが、それは間違いです。

このことについては私もよく質問されますが、リスケなどの重要情報の漏えいについては、大きく2つのルートが考えられます。

最も注意すべきなのは、**社長自身と社内からの情報漏えい**です。これを防ぐのは、社長による社内管理の徹底に尽きます。そもそも社内の大事な情報は、銀行取引内容に限らず、漏えいしていいものはありません。くれぐれも管理を徹底しましょう。

社長が気にするもう一つは、**銀行からの情報漏えい**でしょう。

情報漏えいは、個人情報保護法違反、つまり犯罪です。元々銀行員には守秘義務があり、個人情報（会社の情報も含む）が簡単に漏えいしないシステムになっています。特に近年、情報は非常に厳しく管理されているため、そう簡単に漏えいは起こりません。

このように極めて低い確率でしか発生し得ない、銀行からの情報漏えいを恐れることは、あまり健全な姿勢とは思えません。そんなことよりも、リスケによって社長が会社をしっかり立て直すことに、全力を投入すべきです。

2 保証人に迷惑がかかったらどうしよう？

社長が最も心配することの一つが「リスケによって、保証人に迷惑をかけたくない」ということでしょう。社長だけが保証人であるならともかく、家族や場合によっては親類・知人等の第三者が保証人であれば、なおさらです。

しかし、大変逆説的ですが、**「リスケをしないと、保証人にご迷惑がかかる」**のです。

資金繰りに窮する社長が、銀行返済がままならない場合、銀行はまず社長に返済の催促を行ないます。その後、一定期間社長から返済がない場合、銀行は社長に代えて保証人に返済を請求します。

これが、社長が最も恐れるシナリオでしょう。

しかし、銀行にリスケを応じてもらえれば、銀行は保証人に何らのアクションも起こしません。それは、**取引内容が正常化するから**です。

「リスケ＝銀行に払わない（金利まで払わないことはできませんが）」ということなのに、何が正常化なのか、と違和感を持たれるかもしれません。

リスケが実行される際、社長は銀行と「変更契約書」（銀行によって多少名前は違います）を締結します。保証人も銀行と、変更契約に基づく「保証契約」を締結します。

たとえば、変更契約には、「元金返済は1年後から開始する」という意味の文言が入ります。言い換えれば、「元金は1年間返済しなくていいよ」という契約を結ぶわけです。

正式な契約に基づいた約束事を実行することは、銀行にとっても、社長にとっても正常な行為です。

逆に、リスケをせずに前の契約内容（毎月○○円を○日に返済するという内容）が守れない状況になることが、異常事態なのです。

リスケによって、この異常事態を正常化するわけですから、社長が正常化の約束（この事例の場合、金利だけは支払う）を破らない限り、保証人の皆さんに銀行から請求がいくことは、本来ありえません。

しかし、実務の世界で見受けられるのが、**保証人が「正常化」の意味を理解せず、なかなか変更契約に応じないという事態**です。保証人の方々にとっては、改めて契約を締結することが、何か不利なことと思えて仕方がないのでしょう。

これは、保証人の方にとって、大変危険なことを意味します。

社長が資金繰りに窮し、決められた返済ができないという異常事態ですから、銀行は現在有効な保証契約に基づき、堂々と保証人に返済を請求できるようになります。

第三者の保証人がいる場合、社長は保証人に対してリスケの意義や、リスケが保証人の立場を守るものであることを真摯に説明し、変更契約書に署名捺印してもらいましょう。

リスケを銀行に受け入れてもらうことは、保証人に迷惑をかけない、一つの大きなステップなのです。

3 社長には「期日まで返さなくてもよい」という利益がある

借りたお金は返さなくてはならない。当然のことです。その当然のことを約束するものが、社長が印鑑を押した、「銀行取引約定書」や「金銭消費貸借契約書」です。

金銭消費貸借契約書には、借りたお金は○○円で、毎月元金○○円を、○%の利息をつけて、毎月○日に返済する、最終期日は○年○月○日と書かれています。

これが、社長が借りたお金を返す根拠です。社長にとっては、プレッシャーの源泉となる契約書ですから、あまり見たくないものかもしれません。

しかし、よく考えましょう。毎月○日までに、返済しなければならないということは、その時が来るまでは、返済しなくてもよいわけです。

これを**「期限の利益」**といいます。つまり、社長には、期日が来るまでは銀行に返済しなくてよいという、大変素晴らしい利益があるのです。

「何が素晴らしい利益」なのかというと、逆に期限の利益を失うとどうなるか？を考えるとはっきりします。「期限の利益」を失うと、銀行は例外なく「即時に融資全額の一括返済」を要求します。リスケを考えている社長にとって、そのようなことは100%できない相談ですし、この段階でリスケ交渉は完全に暗礁に乗り上げてしまいます。

続いて、銀行は、法的な回収手続きに着手します。社長のもとには内容証明郵便だけでなく、裁判所から差押えの通知、支払い督促、不動産の競売開始決定などが次々と送られてきます。当然、そんなことが初めての社長にとっては、パニックに陥るほどのショックな状態でしょう。

さらに進めば、社長や会社の財産は、全て銀行の返済に強制的に充てられます。そのようなことになれば、遅かれ早かれ、社長の事業は確実に破綻に向かうでしょう。

これは、絶対に避けなくてはならない状況です。このような事態を絶対に避けるために、社長は期限の利益を持ち続けなければなりません。

期限の利益はギントリを見ればわかる

社長にとって、あまり見たくない銀行との契約、「銀行取引約定書（信用金庫取引約定書、信用組合取引約定書）」は、通称「**ギントリ**」と呼ばれ、期限の利益に関する全てが記載されています。

お世辞にも読みやすいものではありませんが、社長にとって非常に大事なことです。必ず控えが手元にあるはずですから、一度じっくりと読まれることをお勧めします。

まずは、ギントリの「期限の利益の喪失条項」と呼ばれる項目を見てみましょう。

各銀行ともに、基本的には同じ構造になっていますので、ここでは2つのポイントを整理します。

①社長が当然に、期限の利益を喪失する場合
・社長の会社が破産等の法的な清算手続きを取ったとき
・手形小切手の不渡りになったとき
・社長や保証人の預金等にて仮差押えや差押えがあったとき　等

②銀行が社長に請求することで、期限の利益を喪失する場合
・債務の一部でも履行を遅滞したとき

・担保の目的物に差押えや競売手続の開始があったとき
・取引約定に違反したとき
・保証人に同様の状況が発生したとき
・銀行が債権保全に必要と認めたとき　等

法的手続きや不渡りのような、具体的な現象が起こった場合、期限の利益を当然に喪失するのは、ある意味仕方のないことかもしれませんし、社長も納得しやすいでしょう。

しかし、「②銀行の請求により期限の利益が喪失する場合」の「銀行が債権保全に必要と認めたとき」において、銀行の請求によって期限の利益を喪失することは、絶対に避けねばなりません。社長が適切な対応を取れば、それは十分防げることだからです。

これは、銀行が一方的に判断できるという、大変強力な項目です。実際には、銀行がこの項目を使って期限の利益を喪失させるのは、債務者と銀行の関係が、相当悪化した場合です。私どもに相談に来られる方でも、既に銀行と完全に関係が悪化している場合が散見されますが、期限の利益を喪失する危険がある社長にとって、銀行との関係悪化は絶対に避ける必要があります。

銀行との関係を悪化させる社長には、主に3つの原因があります。銀行から見て、**「連絡が取れない」「嘘をつく」「資料を出さない」**社長だということです。

「連絡が取れない」ということは絶対にダメです。思わず背を向けたくなる気持ちは理解できますが、嫌なことほど前向きに捉えましょう。社長が逃げていては何も始まりません。

「嘘をつく」のは悪いことと、5歳の子供でもわかっています。しかし、往々にして見受けられるのが、社長にとって決して「嘘」ではないと思っていたことが、銀行から見れば「嘘」になってしまう事象です。

たとえば、社長が銀行に「○日までに入金する」と言いながら、期日を守れないパターンです。社長は「早く銀行に返済したい」という強い気持ちのため、希望的観測で銀行に「○日までに返済する」と言いがちです。

一方、銀行員は、社長が「○日までに入金する」と言えば、そのまま上席に報告し、社長の姿勢を見守ります。

そのような中、約束の当日、資金が返済口座に入金されなければ、社長は銀行にとって「嘘をついた人」となってしまい、社長と銀行の信頼関係は崩れることになるのです。

「資料提出」については、「わからないものはわからない」「資料の作り方がわかるまで教えてくれ」と、堂々銀行員に訴えるべきです。

往々にして社長は、銀行員の言っていることを、全てわかっている顔で対応してしまいます。実はよくわかっていないにもかかわらず、わかった顔をする。社長のプライドがなせる現象かもしれません。

しかし、それでは当然、満足な資料を提出できません。これも社長と銀行が、信頼関係を損なう大きな原因になります。

4 返済を延滞したらどうなる？

前項②の期限の利益を喪失するパターンで最も多いのが、「債務の一部でも履行を遅滞したとき」により、銀行が債務者に対して**「期限の利益喪失通知を発送する」**ことです。

「履行の遅滞」とは、約定の日に返済することができず、融資返済が「延滞」になることです。実は、延滞にはいくつかの段階があり、段階ごとにリスクの重みがどんどん変わっていきます。厳密に言えば、たとえ1日でも返済が遅れた状態であれば、銀行は期限の利益喪失を、社長に請求できるのです。

しかし、実務の世界では、返済が1日、2日遅れたからといって、銀行が期限の利益喪失通知を発送することはまずありません。この時点であり得る最大のリスクとしては、預金口座のロック、つまり預金の出金ができなくなる事態です（詳しくは4章準備4）。

問題は、返済日の当月末になっても返済が行なわれないことです。

ここで銀行は、社長を完全に「延滞先」として認識します。

たとえば、当月10日が社長にとって、返済日だったとしましょう。社長が10日に返済できなかった場合、銀行担当者から「早く入金してください」と催促されるでしょう。この段階での延滞を**「日次延滞」**といいます。

日次延滞は、銀行担当者レベル・支店レベルの問題にしか過ぎません。しかし、返済が当月末までになされない場合、月をまたいでの延滞先として、本部の知るところとなります。これを**「月次延滞」**といいます。

銀行としては、社長への融資を不良債権予備軍と認識し、今後支援によって正常先に戻すか、融資回収方針を取るか、対応方針を決定しなければならなくなります。

この時点になると、社長の預金口座はロックされる可能性が高まります。預金口座がロックされれば、日常の支払いがままならなくなり、事業が存続できるかどうかという、大変危険な状態になります。

大変危険な月次延滞ですが、一般的に一度の月次延滞では、銀行は期限の利益喪失に持ち込みません。銀行が「期限の利益喪失通知」を発送するのは、**延滞が3カ月を超えたときと**するのが通常です。

そうなれば、よほどの事情がない限り、銀行は事業継続のための交渉のテーブルについてくれません。延滞が3カ月を超えた状態では、限りなく銀行との交渉は困難になります。

つまり、延滞には次の三段階があるということになります。

①日次延滞が発生した段階
②月次延滞が発生した段階
③延滞が3カ月を超えた段階

リスケ交渉を申し入れる際、最も望ましいタイミングは、延滞が何ら発生していない段階です。とはいえ現実には、社長が資金繰りに奔走している中で、つい①の日次延滞が発生してしまう状況もあるでしょう。

そうなると、時間の猶予は限られます。1日でも早く、遅くとも**②の月次延滞が発生する前に、銀行とリスケの交渉に入るべき**です。交渉に持ち込み、交渉中に月次延滞状態になる場合であれば、銀行も容認可能です。

5 家財が差押えされたらどうしよう？

突然自宅に数人の男がやってきて、家財に差押えの紙をペタペタ貼りまくる、という光景が頭をよぎった社長。

本当に怖い話です。そんなことになったら、近所の目が気になって出歩けなくなりそうですし、家族ともども二度と立ち直れないようなショックを受けるでしょう。私も昔、ドラマでそんなシーンを見たような記憶があります。

しかし、**現実には、そんな現象はまず起こりません。**現在の家財差押えの実態は、テレビドラマや一般に思われているものとは、まったく違うものになっています。

有名な家財差押え事件から

最近の事例では、２０１０年の春、有名な経済事件の主役として当時係争中の元社長の自宅（東京の六本木ヒルズ）に東京地裁の強制執行が行なわれた、という報道がありました。執行官は、合い鍵を作って部屋に入り、差押え業務を行なっていたそうです。

差押えを受けた当人にとって、腹立たしい限りでしょうが、読者からすれば、どの程度のモノを差押えされたか、非常に気になるところでしょう。

ところが報道によると、差押えられたのはわずかに5点（65インチ大型テレビ、ホームシアターセット、ワインセラー、沖縄三味線、ゴルフバック）の超豪華（？）家財です。元々は相当高額なものでしょうが、評価額はわずか30万程度に過ぎなかったと報道されています。六本木ヒルズのような都心の超豪邸でも、超豪華家財を差押さえた結果、30万程度のモノしか出てこなかった、というのが家財差押えの実態です。

読者の皆さんは、「そんな豪邸であれば、金目のものもたくさんあるだろうに」と思われるでしょう。

しかし、実際はそうもいきません。高額な絵画や美術品ならともかく、自宅にあるような家財は、第三者に売却すれば、完全な中古品です。

加えて、現場までの引き取り作業や売却作業には、人手と手間がかかりますので、よほどの高額品でない限り、経費を差し引きすれば、お金はほとんど残らない可能性が高いのです。

そして、最大のポイントは「生活必需品の差押え」は法律で禁止されていることです。具体的に言えば、洗濯機・冷蔵庫・電子レンジ・テレビ・冷暖房器具・タンス・ベッド・食器棚などです（民事執行法第一三一条「差押禁止動産」。ただし、家電製品の場合、2台目以降は差押えの対象になることがあります）。

加えて、強制執行による差押えには申立ての費用もかかります。

つまり、よほどのことがない限り、**家財の差押えは、割に合わない債権回収方法**なのです。

しかも銀行は、家財の差押えを強行した場合、「なんとヒドイことをする銀行だ」と、世間の非難にさらされかねません。

銀行が、家財の差押えを実行するのは、よほど悪質な債務者で、資産隠しを行なっている可能性が高く、この期に及んでも優雅な暮らしを維持している場合に限ります。テレビドラマのような話は、よほどのことがない限り、まずあり得ないのです。

6 自宅が競売になったらどうしよう？

実はこの項、あまり意味がないかもしれません。というのは、不動産が競売となる場合、その前に必ず「期限の利益の喪失」通知が、社長の手元に発送されるからです。肩すかしのようで申し訳ないですが、**社長のリスク回避の基本は、「期限の利益」を守ること**に尽きます。

しかしながら、不動産、特に「自宅が競売になるのでは……」という不安感は、窮境状態となった中小零細企業の社長が等しく持つものでしょう。不動産の競売という事態は、事前に防ぐべき課題ではありますが、万一の備えとして打つべき手を整理したいと思います。

不動産が競売に進展した場合、ほとんどの社長はあきらめの境地に入るかもしれません。

まずは、裁判所から社長に「不動産競売開始決定」という重々しい通知が届きます。裁判所が関与し、かつ法律に基づく手続きですから、逃げようがありません。

しかし、あきらめてはいけません。逃げるのではなく、迎え撃つための手段があります。

不動産競売を乗り越える3つのキーワードは、**時間・任意売却・リースバック**です。

不動産競売は意外に時間がかかる

窮境状態の中小零細企業において、時間を味方にすることは、再生に向けての大きなポイントです。競売も同じです。正確に不動産競売にかかる時間を把握すれば、次善の策を講じることができます。

まず、競売の手続き全体像を把握しましょう。期限の利益を喪失した債務者に対し、債権者の競売申立てにより、競売は次ページのように進展していきます。

なんとも専門用語ばかりで、わかりにくいものですが、ポイントは⑦です。⑦の段階で入札日になれば、最も高い金額を提示した人が不動産を取得することになります。

問題は、**ここに至るまで通常6カ月以上の時間がかかる**、ということです。

さらに言えば、不動産を落札者に明け渡すのは⑨以降になります。トータルとして、1年程度の時間がかかることもザラにあります。

少し安心できたでしょうか？　競売になれば、すぐにでも不動産を明け渡さなければならないと思っている方が多いようですが、決してそんなことはありません。次善の策を打つには、十分な時間があります。

「競売申立て」手続きの流れ

①競売の申立て

↓

②不動産競売開始決定 ― 債務者に通知が届く。

↓

③差押え登記 ― 登記簿謄本に差押えと記される。これにより、第三者でも競売が始まったことを知ることが可能になる。

↓

④現況調査 ― 裁判所の任命した執行官が調査のために、債務者に連絡を取り、現地調査に訪れる。

↓

⑤物件明細書の作成

↓

⑥売却基準価格の決定 ― このときに入札や開札の日、売却基準価格が判明する。

↓

⑦売却実施処分 ― いわゆる競売の入札。当該不動産をほしいと思う人が入札に参加する。ただし、売却基準価格の80%を下回る金額では入札できない。人気のない不動産には、札が入らないこともある。

↓

⑧売却許可決定

↓

⑨代金納付・所有権移転 ― この後に不動産の明け渡しとなる。

任意売却＋リースバックで自宅を守る

銀行は競売による債権回収を好みません。なぜなら競売では、時価以下でしか落札されないことが一般的だからです。

先ほどの「競売の流れ」の図の中で、「売却基準価格の決定」という項目がありました。競売に入札する人は、売却基準価格の80％以上の価格を提示すれば、入札に参加できます。しかし、売却基準価格は「時価」ではありません。現況調査の結果に基づき執行裁判所が価格を決めるのですが、**「通常の評価額×競売特有の減価＝売却基準価格」**となっています。

地域や物件によってまちまちですが、20～50％程度、時価より低く評価されることが多いようです。仮に時価より30％程度低い価格で、売却基準価格が決定した場合、さらに20％低く入札することが可能ですから、理論的には時価の半値程度で落札される可能性がある、ということです。

これでは、債権者＝銀行は面白くありません。さらに言えば、落札されない可能性も十分にあるのです。たとえ競売の申立てを行なっても、**「立場上、競売手続きには入ったが、取り下げを検討するので、できるだけ高く任意で売ってもらいたい」というのが銀行の本音**です。

ここが、社長にとって打つ手のポイントです。社長主導（社長の任意）で、社長にとって都合のよい人に不動産を売却する、**「任意売却」**を銀行に申し入れるのです。

売却する価格は、競売の売却基準価格を、少しでも上回ると思われる金額であれば、銀行も交渉に乗れるはずです。競売は銀行にとって、落札者が現れず流れる可能性もあり、落札されても、時価の半値程度にしかならない、という大きなリスクを抱えているからです。

自宅を任意売却する場合、購入者にはあらかじめ「適正な家賃を支払うので、継続して住ませてほしい」と、依頼しておきましょう。登記簿謄本の中で、所有者は社長ではなくなってしまいますが、何も表札が変わるわけではありません。適正な家賃を支払うわけですから、堂々と住み続けることができます。これを自宅の**「リースバック」**といいます。

これで自宅は一安心ですが、私はこのような事態に陥った社長に対して**「再度自宅を買い戻すよう頑張りましょう！」**と言葉を添えるようにしています。

たとえ今まで通り住み続けることができても、今まで築き上げた財産を手放したことには変わりありません。再起する目標として、「自宅を本当の意味で取り戻す」。こんな決意があれば、大きな励みになるでしょうし、家族もエールを送ってくれるでしょう。

そのために購入者には、家賃を支払って住み続けることを了解していただくとともに、将来の買い戻しについても、理解をいただけるようにしましょう。

COLUMN

天下の悪法「連帯保証人制度」が変わるかも……

事業再生の専門家として最も解決が困難なものの一つが、「連帯保証人」問題です。経営者である社長が連帯保証人としての責任を果たすのは当然ですが、経営に携わっていない第三者、特に家族の保証問題については、いつも頭を悩ませます。世界でも稀な悪法と言われる、日本の連帯保証人制度。まずは私の実体験からお話ししましょう。

本書冒頭の通り、私の父は大阪で小さな町工場を経営していました。従業員が多いときで10名ほど。経済成長期にも支えられ、それなりにいい時期もあったようです。

ところが突然、取引先の倒産で数千万円の不渡り事故が発生しました。町工場にとっては、事業存続の一大事です。幸い当時のメインバンクから、「全額を融資で支援する」との申し出があり、窮地を脱することができそうでした。しかし問題は、その融資条件です。条件とは当時二十歳の大学生であった私を、保証人に入れることだったのです。

父は「ちょっと悪いけど、銀行の書類にハンコ押してくれや。どうせお前が跡取りやからな」と銀行に言われるがまま、私に伝えました。

これを知った母は、「まだ学生の息子を道連れにする気か！　保証人は借りたあんた

（父）と同じ責任があるんや」と猛反対（母は保証人のリスクをよく理解していました）。結局、私が保証人に入らず、なんとか資金調達には成功し、不渡りによる連鎖倒産の窮地を脱することができました（残念ながら、その後、またも大きな不渡りをつかまされた父は事業を閉鎖してしまいました）。

この場合、私が保証人になっていたとしたらどうでしょうか？ 20代で直接経営にタッチしていないにもかかわらず、自分の身の丈を遥かに超える保証債務を抱えていたはずです。場合によって私は、「破産」を決断したかもしれません。

そもそも、妻や子供を保証人にして、銀行も一体何の得があるのでしょうか？ 生計を一ですから、万一の際に回収金額が増える見込みなんてほとんどないのにもかかわらず……。

しかし、いまだに私のクライアントに対して、金融機関から「妻」や「息子」を保証人に入れろ、という要求をかけてくることがあります。私は、クライアントの社長には原則「**絶対に拒否**」をアドバイスするようにしています。

ところがこの天下の悪法も、潮目の変わる空気があります。

「中小融資の個人連帯保証を経営者に限定、金融庁」（日本経済新聞・2011年2月28日付）見逃しそうな小さな記事が、新聞の隅に載っているではないですか（もっと大きく載せるべき大ニュースと思うのですが……）。

元々民主党の「政権交代マニフェスト」には、この問題が記されています。「自殺の大きな要因ともなっている連帯保証人制度について、廃止を含め、あり方を検討する。」（「民主党の政権政策Ｍａｎｉｆｅｓｔｏ２００９」より）

政策によっては、実効性に疑問の多いマニフェストとは思いますが、連帯保証人制度については、政権もマニフェスト通り、改革に向けて動き出したようです。

もう少し詳しく見てみましょう。新聞記事と同日に金融庁が発表したホームページからの抜粋です。

○経営者以外の第三者による個人連帯保証等の慣行の見直し

「・経営者以外の第三者の個人連帯保証を求めないことを原則とする方針を定めること」

新しい金融検査マニュアルに沿えば、今後、金融機関は経営者以外の第三者、つまり、奥さんや子供に対して追加保証人を要求することが難しくなっていく方向が期待できます。少なくとも銀行から第三者の追加保証人を求められた場合、新しい金融検査マニュアルを知っていれば、堂々拒否する交渉ができるようになるでしょう。

4章

交渉がスムーズに進むリスケの準備

リスケ交渉の際、発生する可能性のあるリスクと最悪の事態を想定した場合のリスクも理解できた社長。

これでリスケ交渉の心構えは整いました。

しかし、当然、心構えだけでは銀行と交渉できません。

リスケ交渉をうまく進めていくためには、心構えを踏まえた上で、具体的な準備が必要となります。

ここからが、リスケ交渉を実践するための準備のスタートです。

準備1

日繰り表をつけよう

「資金繰りが苦しい」

「このままでは資金ショートするかもしれない」

そんなご相談に来られる社長に、必ず質問します。

「何月何日に資金がショートするのですか?」

ほとんどの社長は、「今月末が危ない」「乗り切ったとしても来月末も危ない」「いや、3カ月先かな?」というようなお話をされます。そういう社長に改めて質問します。

「資金繰り表を作っていますか?」

ほとんどの社長は「作っていません」と返答されます。作っている場合でも、せいぜい月々の資金繰り表までです。

ここに、社長が資金繰りに窮する根本的な問題があります。

「資金繰りが苦しい」という緊急事態にもかかわらず、社長の思考が平時のままで、危機状

日繰り表（例）

日付	項目	収入	支出	資金残高
前月繰越				200,000円
4月1日	売掛金回収	100,000円		300,000円
4月2日	仕入支払い		50,000円	250,000円

態の思考方法に変換していないのです。

漠然と頭の中で、資金を繰り回し、「今月はなんとか」「来月もなんとか」という、**その場しのぎの資金繰りを繰り返してきた結果が、現在の窮境状態に陥った直接的な原因**です。

そのような社長に対して、必ずアドバイスさせていただくのが「日繰り表」の作成です。

今まで、頭で漠然と繰り回していた資金を、一目でわかる表にすることで、「何月何日が危ない」とはっきり把握するのです。

上に日繰り表の事例を載せましたが、中小零細企業であれば、この程度の表でも十分です。

特に支払いに関しては、仕入や買掛金以外の人件費と経費は、支払日と金額が毎月ほぼ一定のはずですので、一度ベースとなる表を作成すれば、何カ月先の資金繰り表にも転用できます。

売上収入にしても、月末〆の翌月末入金であれば、来月の入金分は確定していますし、仕入支払いも確定しているはずです。

翌月分の日繰り表の作成が、できないはずはありません。さらに2〜3カ月程度先の売上であれば、概ね見込みがつくはずですので、**ほとんどの会社で3カ月先の日繰り表は作成可能**です。

本当の日繰り表

日繰り表を作成する際のポイントは、**「本当の日繰り表を作成する」**ことです。

頭の中で、資金を繰り回している社長は、往々にして「このお金を早くもらおう」「あの支払いは週明けにずらしてもらおう」という、イレギュラーな資金繰りばかり考えています。

そんな考え方で日繰り表を作っていても、本来の入金日や支払日が反映しませんから、本当の日繰り表にはなりません。

さらに、既にイレギュラーな資金繰りで、支払いを繰り回している社長。あなたの会社は取引先、**仕入先から撤退を検討されている「危険企業」と見られている**可能性があります。

「でも、本当の日繰り表にしても、赤字だらけの日繰り表になるだけじゃないか」と思われる社長。そこが、間違いなのです。

見たくない現実をしっかりと見極めないと、次の対策が打てません。

本当は、どれくらい資金が不足しているのか、きっちり把握して初めて、社長が置かれている窮境状態を把握できるのです。

リスケ交渉のXデー

私の経験上、**「本当の日繰り表」で2カ月先の資金ショートが見えたときが、リスケ交渉のXデー**です。イレギュラーな資金繰りで、一時的に窮地を逃れている場合ではありません。すぐにリスケの準備です。

銀行交渉がうまくいけば、1カ月もかからず可能になるリスケですが、交渉事は何が起こるかわかりません。銀行との取引内容や契約内容によっては、交渉に1カ月以上かかってしまうこともあり得ます。そうなれば、たとえリスケ交渉が無事完了しても、資金ショート直前になってしまうからです。

いつリスケを実行するかについては、本章の準備5で述べますが、**資金ショート2カ月前**

はリミットギリギリのタイミングなのです。
「2カ月間なら、資金繰りは大丈夫」という社長。既に待ったなしの状態です。早急に準備を整え、銀行にリスケ交渉を持ち込みましょう。

資金繰りが2カ月も持たない社長へ

「ウチには2カ月の余裕もない」という社長。ここで、社長が作られた日繰り表が威力を発揮します。支払いの優先順位を明確にした日繰り表シュミレーションを行ない、**2カ月先までで大丈夫な資金繰りプランにするの**です。

支払いは大きく5つに分類することができます。

①給与
②仕入支払い
③税金、社会保険
④経費
⑤銀行返済

⑤銀行返済については、リスケ交渉により実現するものですから、ここでは外します。

ポイントは、**事業の継続に絶対必要なもの以外は、緊急時を脱するまでは、支払いを見合わせるということです**。特に、④経費支払いを調整することが中心となります。社長にとって、当然抵抗のある事柄でしょうが、今は緊急時です。頭を緊急時に切り替えてください。

社長が再生するためには、従業員の頑張りが何より大切です。間違っても①給与の遅配は避けねばなりません。私の経験上でも、給与が遅配すると、従業員のモチベーションが下がるだけでなく、ほぼ間違いなく仕入先、取引先に噂が流れます。そうなると、社長の会社は信用不安で、事業の継続が危険なものになりかねません。

続いて大事なものは、②仕入支払いです。これもできる限り、決まり通りに支払うべきです。社長の会社に対する信用不安で、仕入先が商品を納入してくれなくなれば、当然事業の継続は不可能となるからです。

③税金、社会保険の支払いを調整することはお勧めできませんが、「分割支払い計画」を持参し、窓口に相談すれば、意外に理解していただけることもあります。

ところが、このようなアドバイスをさせていただいても「これは義理のある支払いだから」

「少額だからこれはいいだろう」というような理由で、ついつい事業継続に直接関係のない支払いを行なってしまうことがあります。

社長！　頭を切り替えましょう。何よりも事業継続を最優先させる、という強い信念が必要です。

緊急に資金を作る

事業に直接関係のない支払いを、一時的にストップしても乗り切れない社長。直近の決算書を開いてみましょう。

「貸借対照表」の左側に注目です。事業に直接関係なく、急いで資金化できる資産がありませんか？

たとえば、上場株式やゴルフ会員権などの有価証券、節税対策として長年かけてきた保険金、必要性のない機械や車両などです。

ほとんどの社長は成功体験を持っています。事業が順調なとき、節税対策や社員の福利厚生という名目で、次のような資産を会社で取得していることは少なくありません。

・上場株式
・ゴルフ会員権
・リゾート会員権
・保険積立金
・事業継続にあまり影響しない車両関係

以上のものであれば、業者や市場を通じて1週間から1カ月もかけず換金できるはずです。ためらってはいけません。今は会社の危急存亡時です。

「今売っても買ったときの3分の1にしかならない」などと思うのは、平時の考え方です。緊急時は資金繰りを持たすことが、全てに優先すると思ってください。

準備2

全金融機関の取引内容を確認しよう

これでなんとか2カ月先の資金繰りの目途がついたという社長。さらに具体的に、準備を進めていきます。それは、**銀行と社長が締結した契約全てを確認する**ことです。なぜかというと、銀行と結んだ契約書の全てを把握している社長が意外に少ないという実態があるからです。

社長からすれば、「銀行との契約だから大丈夫だろう」という気持ちで、気楽に印鑑を押しているかもしれません。昨今、銀行も顧客への説明義務を徹底していますので、「○月○日、契約の説明を行ない、社長も了承した」という書面に、社長の捺印を取ることもあります。

しかし、**「説明を受けた」という事実と、「社長が全てを把握している」という実態**は必ずしも一致しません。「女房が保証人になっていることを知らなかった」「その預金が担保に入ってたのか」などといった話は本当によくあることなのです。

まずは社長の手元にある、融資関係全ての書類を整理し、保証人について、社長の認識と現実が一致しているかを確認しましょう。

・銀行取引約定書（信用金庫取引約定書、信用組合取引約定書）
・金銭消費貸借契約書
・保証約定書
・当座貸越契約書
・保証協会との約定書

以上の5点が、融資に関する代表的な銀行との契約書です（銀行によって契約書の名称は異なります）。ただし、近年特殊な融資形態もあるので、融資取引の際に銀行に提出し、印鑑を捺印したものは、この際、全て洗い出しましょう。

保証人が社長だけであれば何の問題もありませんが、第三者が含まれる場合、当然保証人にもリスケの了解をいただく必要があるからです。

それ、本当に担保ですか？

次いで注意すべきは、「**本当に担保に入れているか否か**」です。

びっくりするくらいよく見かける事例ですが、社長が担保に入れていると思っていたものが、実は担保に入っていなかった（逆に担保に入っていた）ということです。

銀行預金、保険、株などの有価証券を担保とする場合、銀行は社長と担保差入証（銀行によって多少名称の違いがあります）を契約し、証券原本を預ります。その代わりに銀行は、「担保預り証」（銀行によって多少名称の違いがあります）を発行します。

法務局に登記が必要な不動産において、「実は担保に入っていなかった」ということはまずありませんが、特に預金などの証券類については、「担保と思っていた」という勘違いが多いことに驚かされます。

「怪しい」と思われる社長は、

- **担保差入契約の控えがあるか？**
- **証券現物を持っているのは誰か？**
- **担保預り証があるかどうか？**

を是非ご確認ください。意外なものが担保に入っていたり、入っていなかったりするものです。

準備3

預金解約のススメ

準備2で、担保に入っていない定期預金や定期積金が見つかれば、リスケ交渉前のなるべく早い段階で解約し、資金繰りに回しましょう。

そもそも預金は、リスケを検討せざるを得ないほど困ったときに備えて貯めておくものです。リスケを申し出てからは、預金解約が非常に難しくなります。既に説明した「期限の利益の喪失条項に触れる恐れがある」と銀行が判断し、預金解約は拒否される可能性があるからです。

ところが、いざ銀行の店頭で解約を申し入れた際、なかなか応じていただけないことがあります。その場合、銀行担当者は、決して「担保だから」とは言いません。「これは融資に対する見合い預金だから、解約できない」と言います。

そんな銀行の説明で、納得してはいけません。結論から言いますと、**「銀行は、担保に入っていない預金の解約拒否はできない」**というのが答えです（ただし、前章で説明した「期限の利益を喪失していない」状態が前提です)。

しかし、なぜ、銀行は担保でもない預金の解約を拒むことがあるのでしょうか? 理由は2つあります。

1つ目は、社長の会社への融資判断を、担保や預金を含む総合取引の中で検討している、という建前があるからです。

銀行は、融資を検討する際に、普通預金や当座預金の動き、担保に入っていない定期預金などの動きなどについてもチェックします。これらの預金の動きや金額が大きければ大きいほど、社長の会社は実績が高い会社と評価されます。銀行からすれば、**「社長の会社の実績が高いから、融資を実行した」**と考えているわけです。

そういう意味で、「預金は担保ではありませんが、融資の見合いと考えています」「だから見合い預金は、解約してもらっては困ります」ということになるのです。なるほど、銀行にも一理あります。

さらにもう1つは、銀行が万一の際に備える保全の問題があります。銀行からすると、**預金の解約は「業況悪化のサイン」**とも受け取れます。本当に深刻な業況悪化とすれば、融資した資金の回収を考えなくてはいけません。ですから、法的には解約を拒否できなくても、社長を説得し、できる限り解約を防ぎたいと考えるわけです。

しかし、社長からすれば、既に資金繰りに窮している状態です。そんな銀行の事情を優先するわけにはいきません。銀行がどうしても解約に応じない、という対応を取られた場合は、次のことを強調しましょう。

「この預金は担保ではありません」

「当社は期限の利益は喪失していません」

「見合い預金は融資条件ではなかったはずです」

社長にとって、当たり前のことを丁寧に主張すればいいのです。

ただし、注意すべきはこの段階で「事業の状態が極めて悪い」「リスケを検討している」等とは決して言わないことです。あくまで預金解約で、一時的に資金繰りを落ちつかせるため、と説明することです。

「期限の利益の喪失」条項を思い出してください。銀行は自身の判断で、期限の利益の喪失状態にあるかないかを判断できます。「事業継続に危険がある」と判断すれば、それを盾に**預金を当たり前のようにロックして、出金・引き落としを停止したり、預金解約を拒むことができる**のです。

それでは、ロックの対象になる預金とは何でしょうか？

ロック対象となる預金は、借入名義（会社・個人）の普通預金・当座預金・定期預金などと、保証人名義の普通預金・当座預金・定期預金などです。特に、**保証人名義の預金もロックの対象となる**ことに注意が必要です。

普通預金や当座預金は、支払いや決済に必要な預金なので、解約するわけにはいきません。ですから、資金繰りに充てる預金解約は、借入名義、保証人名義のもので、普通預金・当座預金以外の定期預金や定期積金となります。

準備4

売上入金口座を変更しよう

繰り返しますが、「事業継続に危険がある」と銀行サイドが判断した場合、即座に行なわれるのが、預金口座のロックです。担保になっていない定期預金や定期積金だけでなく、普通預金や当座預金もロックの対象です。

「準備3」で、ロックが行なわれる前に、借入名義・保証人名義の定期預金や定期積金は解約し、資金繰りの足しにすることができました。

続いての準備は、売上入金口座の変更です。預金のロックは、銀行から出金することができなくなるだけで、普通預金や当座預金に振込等が入金されることは今まで通りです。

つまり、何の準備もしないままでは、今まで通り取引先からの売掛金が社長の口座に入金されるものの、預金ロックにより、社長が支払いに充てるために出金したり振込したりすることが、できなくなる危険性があります。

そうなればリスケも何もありません。たちまち、資金ショートの危機です。

社長がリスケを決断したとき、預金解約と同時に行なう準備が、**売掛入金口座を借入のない銀行に変更する**ことです（7章で詳しく説明しますが、変更先は信用金庫か信用組合をお勧めします）。

「入金されても、すぐに他の銀行口座に振込すればいいだろう」と言われることがありますが、そんな簡単なものではありません。

「インターネットバンキングで、資金移動ができるので大丈夫」と思うのも大間違いです。銀行は、全ての預金口座を勘定系コンピューターで制御していますので、一度預金ロックを登録すれば、インターネットバンキングも使用不可能となります。

気をつけなければならないのは、取引先に口座変更を依頼しても、先方の事務都合の関係で、すぐには変更できないことです。特に大手企業の場合は、入金口座変更に1～2カ月を要することもあります。こちらも「善は急げ」です。

次は、売上入金口座の変更が無事終了し、いざリスケ交渉に入る直前に行なう準備です。**当座預金・普通預金の預金残高を、限りなくゼロにしてください**。融資を受けている銀行が複数であれば、その全ての銀行が対象です。

残高を限りなくゼロにするには、3つの理由があります。

1つは、リスケを申し出るほどの状態ですから、**お金の価値は平常時とはまったく違います**。極端に言えば1万円の有難味がまったく違う状況です。預金ロックの危険があるのならなおさらです。わずかな資金でも大事に手元に残すべきです。

2つ目は、**銀行の都合に配慮する**ためです。

リスケ申し出を受け取った銀行員は、当然リスケを検討する稟議書を作成することになります。その際に「いつからリスケをするのか」を、当然明確にしなければなりません。

リスケを申し出た際に、融資返済できる預金残高が、普通預金や当座預金に残っていると、リスケ稟議起案中に返済が自動的に引き落とされることがあります。

そうなると、稟議の中身と実態が違うものになり、銀行担当者は、稟議を改めて作り直すという手間が発生します。そんな手間を、担当の銀行員にさせるのを防ぐためです。

3つ目は、**融資を複数の銀行から受けている場合の準備**です。

リスケ申し入れの大原則は、全金融機関横並びです。仮に、1つの銀行に返済できる預金残高があって、自動的に返済された場合で、他の銀行には資金がなく、引き落としにならなかった場合、銀行の横並びは当初から崩れます。

そのような事態になると、銀行は「社長への信頼が崩れた」「他行を当行より優先している」

として、リスケ申し入れを拒否する可能性があります。

特に大手銀行やメガバンクは「全行横並び」に対して非常に敏感です。リスケ申し入れの直前に、普通預金や当座預金の残高をゼロにすることは、リスケ申し入れのための大事な作法と心得てください。

そのとき、預金がロックされた……

リスケを銀行に了解していただくことは、本書で紹介する準備と作法をきっちりと守り、経営改善計画書を作成できれば、決して困難なものではありません。

しかし、実務の世界では、あまりにも時間がなくて、リスケを勝ち取る前提となる準備と作法を守る余裕がないときもあります。

さる製造業の社長に、ご相談を受けたときの話です。年商20億円、取引金融機関は大手メガバンクから地域の信用金庫を含めて10行、借入総額は8億円、経常利益は3000万円の赤字、社員80名という中小企業でした。

経常利益が赤字というのは大問題ですが、申し込んでいた融資が断られ、10日後の月末に銀行元金返済2500万円と、従業員の給与2500万円が払えないという緊急事態でした。

銀行返済が月2500万円ということは、年間3億円の銀行返済です。経常利益が赤字の中小零細企業に、そんな返済ができるわけがありません。

残念ながら社長は、金融機関取引についてはあまり知識がなく、その場しのぎで借入を頻繁に繰り返し、銀行返済を今まで続けていたようです。

その場で仔細に社長のお話を伺い、決算書を分析した結果、大胆なリストラ策を実行すれば、経常利益を黒字にできる可能性が高いと判断しました。

経常利益を黒字にできるのであれば、リスケで事業を立て直すことは可能です。

早速社長に方針を説明しました。

①担保になっていない預金が幸い2500万円あるので、今すぐに解約し、給与支払いに充てる

②売上入金口座変更を今すぐ手配する

③預金解約と売上入金口座変更の手配が終わった後、月末の銀行返済は、全金融機関に一旦延滞にしてもらうことをお願いに回る

④来月末までに、大急ぎで抜本的なリストラ策を盛り込んだ経営改善計画を作成し、全金融機関に説明してリスケに持ち込む

①の預金の解約は、前述したように、「融資見合い預金」についての押し問答がありましたが、無事に解約して、従業員の給与に充てることができました。

③の月末の銀行返済を一旦延滞にしてもらうことについては、「絶対に3カ月延滞にはならないようにする」「来月末までに、内容の伴った、リスケの経営改善計画を提出する」ことを全金融機関に約束し、何とか了解をいただきました。

ところが問題発生です。経営改善計画を作成中に、社長から悲壮な声の電話が届きました。

「当座預金の資金を、支払いに使うことができない!!」

準メインである某大手銀行が当座預金をロックしたのです。

「売上入金口座は、全て借入のない銀行に変更するようお願いしたじゃないですか」と私が尋ねると、「上場企業取引先数社の口座変更に時間がかかっているんです」とのことでした。

早速銀行の支店長に、ロック解除を申し出ましたが、返事は芳しくありません。

「他の9行は、好意的にリスケの経営改善計画提出を待ってくれている」と全行横並びを強調しましたが、支店長は「他行は他行」とけんもほろろです。

私としては、時間がない中ではあるものの、「最低限の準備はしたはずなのに、なぜそんなに強硬姿勢なのか」さっぱり理解できませんでした。

そこで支店長が持ち出したのは、銀行と社長が結んだ融資に関する特約書です。特約書は当座貸越契約に付随するもので、「売上入金口座の指定に関する事項」が盛り込まれていました。

支店長からすれば、「特約で特定の売掛先について、入金口座は当行に指定されているにもかかわらず、一部の振込金がない。事前に説明なく売上入金口座を変更したのは重大な信義違反だ」ということでした。実は社長は、売上入金口座指定の特約があることを、完全に失念していたのです。資料をいただいていない私も、当然知る由がありません。

すったもんだの挙句、予定より繰り上げて来月中旬には経営改善計画を提出すること、入金口座は当初の形に戻すことを約束し、その場を収めました。

その後リスケを全銀行に了解していただき、預金ロックが無事解除されたのは、社長から依頼を受けて1カ月という、冷や冷やのスピード案件でした。

売上入金口座の変更には時間がかかること。銀行との全取引内容や、契約書の確認がいかに大事かということ。リスケを勝ち取るには、**前提となる準備が整って初めて可能になるの**です。

準備5

いつからリスケジュールするかを決定しよう

既に日繰り表の必要性については、準備1で説明しました。その際に、リスケのXデーは資金ショート2カ月前であることも説明済みです。

「Xデー」という書き方をしたのは、遅くとも資金ショート2カ月前までには、リスケを実行してほしい、というのが日々事業再生の現場にいる者の願いです。

しかし、このようなリスケは、本来のあるべき姿とは言えません。社長は、**リスケ期間中でも「ビジネスチャンス」があれば、前向きな対応を取りたい**と思うはずです。困難な時期であるからこそ、取り組まなければならない事案もあるでしょう。たとえば、新商品開発のための設備投資、販路開拓のための投資資金など、さまざまな局面があるはずです。ところが、リスケ期間中は、銀行が社長の会社に新規融資を行なうことは難しい状態です。

つまり、「正しいリスケ」とは、単に資金繰りを安定させるだけでなく、**前向きな資金を、銀行からの融資に頼らず、自前で確保する**手立てでもあるのです。

それならば、リスケは早ければ早いほどよい、ということになるのでしょうか？　しかし、銀行はそんな見方はしません。1年も先の資金ショートの話には付き合えないのです。仮にそんな話をすれば、「この社長は、借りた金を返す意思がない」と考えられてしまいます。

銀行もリスケの必要性を認識するタイミングで、かつ社長の会社の資金繰りが安定し、加えて大きな金額でなければ、前向きな資金を自前で確保できるというタイミングが理想的なリスケ実行時期となります。最低でも2カ月前。しかし、これでは前向きな資金まで確保するのは困難。しかし、資金ショート1年前では銀行は納得しない。このあたりの折り合いを考えれば、資金ショート危機の3～4カ月前にリスケを実行するのが望ましいでしょう。

リスケの緊急対応

リスケのXデーは、遅くとも資金ショート2カ月前としました。しかし事業再生の現場では、「今月末が乗り切れない」という、本当に切羽詰まった事態に陥っている社長に遭遇することがあります。通常であれば打つ手なしですが、それでもあきらめない方法はあります。

本書はリスケの基本をテーマにしていますので、あまりイレギュラーなノウハウは控えたいと思いますが、現場では決して少なくないことですので、やや番外編として、「2カ月も余裕がない、今月末が資金ショートだ」というような場合の緊急避難方法を紹介します。

それは、**「全金融機関への返済、元金利息を全て一時的にストップする」**ことです。少々荒療治ですが、社長の事業継続のためにはやむを得ません。

実はこの荒療治、銀行が定めた紳士協定の中に「一時停止」という言葉で表わされています。紳士協定は、政府・経済団体・金融機関団体などが平成13年に「私的整理に関するガイドライン」という名でまとめています。

その中には「一時停止の期間中においては、対象債権者全員と債務者は、次の行為などを差し控えることとする。なお、一時停止の通知があったことのみをもって、銀行取引約定書等において定める期限の利益喪失事由として扱わないものとする」とあります。「次の行為」とは、「銀行への返済はしない」「担保の処分はしない」というような内容です。

私的整理ガイドラインは、「企業を法的に破産や民事再生に追い込むより、銀行が支援すれば逆に回収もはかどり、社会的損失も防ぐことができる場合は取引銀行全行で協力する」というのが本来の趣旨です。私的整理ガイドラインに則った手続きは、債務免除も視野に入れた主要債権者（メインバンクや準メインバンク）が中心となって、債務者と協議の上、行なわれることになっています。つまり銀行にとって大きなロスと労力が発生するため、対象はどうしても融資額の多い大手企業が中心となり、一般的な中小零細企業が活用することは事実上不可能と言えます。

しかし、私的整理ガイドラインの精神・趣旨に準じた考え方で「一時停止」することは不可能ではありません。準備するものは、**「元利金一時停止に関するお願い」**という社長名付きの書面（次ページ参照）と、元利金さえ一時停止すれば、資金ショートを防ぐことができることを証明する**「月次の資金繰り表」**（174・175ページ）です。この2点を持って、社長は全取引金融機関に対して、一斉にお願いに回る必要があります。

その際に、必ず守らなければならないポイントが3つあります。

・期限の利益の喪失、3カ月を超える延滞にならない間に、リスケを依頼する経営改善計画書を提出すること

・少なくとも元利金を一時停止してもらえれば、経営改善計画書提出前に資金ショートは起こらないことを証明する資金繰り表を用意すること

・全金融機関に対して同様のお願いをすること

前項でご紹介した事例でも、社長にはこの3つを守っていただき、取引銀行10行を2日で回っていただきました。多少のトラブルがあったものの、無事にリスケを勝ち取ったことはご紹介しましたが、くれぐれも売上入金口座の変更を忘れてはいけません。時間のない緊急対応の際は、どうしても忘れがちです。万一、預金がロックされては話にならないのです。

20××年○月○日

○○銀行××支店　御中

○○○○株式会社
代表取締役　△△　△△　印

元利金返済一旦猶予についてのお願い

拝啓　時下益々ご清祥のこととお慶び申し上げます。

平素は格別のご高配を賜り、厚くお礼申し上げます。

さて、弊社を取り巻く環境は、極めて厳しいものがございます。

2011年3月期においては、前期に引き続き経常赤字の決算となりました。

そのような中、鋭意経営改善に努めてまいりましたが、改善が思うようには進まず、現在資金繰りが不安定な状態になっております。

つきましては、本日以降の元利金返済について、一旦のご猶予をお願いさせていただきます。

今後につきましては、来年○月○日を目途に、リスケジュールをお願いする経営改善計画をご報告させていただき、抜本的な経営改善に着手したいと考えております。

御用繁多の折、突然のお話で申し訳ございませんが、何とぞご理解を賜りますようお願い申し上げます。

敬具

準備６

どこまで元金返済を減らすべきか？

真面目な中小零細企業の社長は、当然「早く借入を返済したい」と考えています。その心理は、リスケを申し入れる際にも現れます。

このような社長は、銀行の担当者が「どこまで元金返済を減らせば、社長はやっていけますか」という質問に対して、なかなか「ゼロにしてほしい」とは言えません。

逆に、「20万円ぐらいなら、月々返せると思う」というような、楽観的な返答をしてしまいがちです。これが、間違いの始まりです。

私の経験上でも、楽観的なリスケを銀行に了解いただいた社長が結局、資金繰りに窮して相談に来られる、ということを何度も経験しました。

ズバリ申し上げます。**元金返済はゼロ。最悪でも融資1本毎に1万円**とすべきです。

なぜなら、リスケ中は新規融資が難しいため、不測事態の資金や新たな設備投資等の資金は手元資金で賄う必要があるからです。楽観的なリスケでは、そのための手元資金を厚くするまでにはならないのです。

楽観的なリスケは銀行担当者にとっても大迷惑

社長の楽観的予測に基づき、リスケを銀行が了解した場合、その後改めて銀行にリスケを申し出なければならない確率は、極めて高くなります。

その場合、社長は**再度、経営改善計画を銀行に提出することになります。**

一度リスケを了承した銀行からすれば、「前回の経営改善計画書は甘かった」「この社長は、経営改善計画書を作る能力がないのではないか」という見方に大きく傾きます。

社長の社長としての能力が、疑われてしまうのです。

疑われた社長が作った2回目の計画は、銀行から厳しい指摘があるでしょうし、稟議の決裁まで以前より多くの時間がかかるでしょう。

さらに銀行担当者は、支店長や上席から「担当者として、社長をちゃんと指導できなかったのではないか」と叱られ、ボーナスの査定にも影響しかねません。

担当者からすれば「社長が20万円なら返せると言ったから、そのような稟議にしたのに……」と意気消沈です。

まさに銀行員がリスケを嫌がる理由の典型的な結末です。

「元金返済はゼロにしていただきたい」と堂々と主張しましょう。

あわせて、

「リスケ中、新規融資は不可能と心得ている」

「元金返済ゼロによって多少ゆとりが出ると思われるかもしれないが、不測の事態や少額の設備投資に備えて、手元資金は必ず必要になる」

「どうせリスケするなら中途半端なものではなく、思い切ったリスケで、経営改善に集中したい」

ということもしっかりと伝えてください。

楽観的なリスケを排除することは、社長が事業を立て直すのと同時に、銀行担当者のためにもなるのです。

準備7

準備が整ったら、それとなく新規融資を相談してみる

とうとう社長は準備を整え終えました。日繰り表による資金繰り管理、銀行との全契約内容の確認、担保以外の預金の解約、売上入金口座の変更……。ここまで準備すれば、あとは銀行がリスケを納得する経営改善計画書の作成です。急いで次章「小さな会社限定！ 経営改善計画書の作り方」に進みたいところでしょう。

しかし、経営改善計画書作りと並行して、**それとなく新規融資を申し込む**という手順を踏むのも、一つの作戦です。**「リスケへのストーリー作り」**をするためです。

社長は銀行のどなたと面識がありますか？ 「いつでも支店長とやりとりをしている」という社長もいれば、「融資窓口」「営業担当者」という方もいらっしゃるでしょう。

いずれにしても銀行は、担当窓口を通じて、**融資先を必ずモニタリング**しています。

モニタリングとは、「日常を通じて定期的に点検する」という意味です。大口融資先であれば、銀行は必ず月々の試算表を要求します。小口先で試算表を作成していない先でも、定

期的に担当者から何らかの接触があるはずです（最近よく聞く話で、「借りてから1年、一度も銀行員と会っていない」なんていうこともあるようですが、これは銀行にとって本来あってはならないイレギュラーな対応です）。

彼らはモニタリングにより、「最近売上が減少している」「取引先A社とうまくいっていないようだ」「古参社員が退社したが、何か悪いことがあったのでは」など、融資先企業の状況を把握しようとします。

銀行にとって最も都合が悪いのは、「モニタリングで業況悪化がつかめていなかったこと」です。業況悪化がつかめていなかった銀行に対し、リスケを申し入れると、モニタリングすべき担当者は、支店長や上席から「モニタリング不足」のかどで叱責を受け、完全に面目を潰すことになります。

銀行担当者のためにも、リスケのストーリー作りは有効なのです。

担当者を通じ、事前に融資上席や支店長に、「あの会社は最近、資金繰りが少し苦しいようだ」というサインを送っておけば、いざリスケの申し入れを行なっても、相手は抵抗なく受け止めやすくなります。

社長から銀行担当者や融資窓口に対して、「実は売上が減ってきている」「努力しているが、資金繰りが苦しくなってきた」というサインを送り、「緊急事態というわけではない」と前置きした上で、**「不足資金を新規融資してもらうことは可能でしょうか」**と、それとなく相談してみましょう。

これで、社長の事業にやや黄信号が出ていることを発信できます。

このようなアピールをしても新規融資の話が前に進まなければ、**担保不足か、保証協会の枠がない、今の決算書では新規融資できない**ということです。新規融資はキッパリあきらめましょう。社長は新規融資を断られることで、窮状を立て直すにはリスケしかないと、リスケを勝ち取る決意を固めることができるはずです。

COLUMN

今まで銀行に事業計画を提出したことがない社長へ

さるクライアントから相談を受けたときのことです。

「銀行に新規融資を申し入れたが断られた」

「このままでは、来月か再来月にも、資金繰りがショートするかもしれない」

社長は悲壮感漂う様相です。私からすれば「いつものご相談」なのですが、決算書や社長のお話を伺う限り、今一つ腑に落ちません。年商は1億5000万円程度。経常利益は年度毎に黒字赤字の繰り返し。取引銀行は地元地方銀行1行のみ。借入総額は5000万円程度で多いとは言えない水準。かつ、全て保証協会付き。しかも、担保には自宅も入っている。

ただし、融資の完済ペースが5年であり、あまりに企業収益の実態を無視した返済ペースであることが問題と言えば問題でした。「この水準なら、保証協会を使って返済を長期に置き換えてムダを絞ったら、なんとかなるんだけど……」と思ったものの、社長は「銀行には相談したがダメと言われた」の繰り返しでしたので、取り急ぎリスケの準備に入ることになりました。

大急ぎで経営改革計画書を作成し、銀行担当者にお話しすると、「リスケではなく、返済期間を大幅に伸ばす置き換えはどうでしょう」という提案をいただきました。

どうも銀行担当者は、社長から相談は受けていたものの、**資料を出してくれないので放置していた**というのが実情だったようです。

銀行担当者と協議した結果、「リスケで捻出する予定だった約1000万円を追加融資で賄い、返済期間を事実上10年とすること。さらに手形割引は継続する」「経営改善計画書には事業計画が入っているので、十分整合性が取れる」という結論になりました。

席上、社長は緊張感一杯の面持ちでしたが、話は意外にスンナリ納まり、社長からすれば何がどうなったのか、キツネにつままれた、という心境でしょうか。

このようなすれ違いが起こった原因は、社長と銀行担当者との認識の相違が原因です。銀行員からすれば、**「資料が何もない口頭での申し入れは、本当の申し入れではない」**という認識なのです。かつてと違って、現在の融資申し入れには、明確な資料が必要となります。

資料も何もない口頭だけの申し入れで、銀行が社長の思う通りの結果をもたらすとは期待しないほうがよいでしょう。

5章

小さな会社限定！経営改善計画書の作り方

いよいよ本書の柱、経営改善計画書作りのスタートです。

「今まで計画書のたぐいは作ったことがない」という社長に、「小さな会社のための経営改善計画書」の作成方法を初公開します。

クライアントの社長とともに、数多くの経営改善計画書を作成し、銀行交渉にご一緒させていただいたという実践経験に裏打ちされたものですから、ほとんどの中小零細企業に適用できます。

ただし、一つ付け加えますと、企業は「十人十色」であり、個々に特色があるのは当然のことです。

この経営改善計画書をベースにすれば、確かに銀行が求める計画書になりますが、できる限り「社長の言葉」を計画書に入れるようにしましょう。社長の言葉が企業の特色を表すと同時に、計画の実現可能性が高いことを、銀行に強くアピールすることになります。

1 小さな会社に特化した経営改善計画書

章のタイトルに「小さな会社限定！」と入れましたが、それは本書の経営改善計画書には、次の特徴があるからです。

- **年商5000万円から10億円定程度までの中小、特に零細企業のための計画書であること**
- **必要最小限の情報しか盛り込まないこと**
- **必要最小限でありながら、銀行が求める全て情報を盛り込んでいること**

業種にもよりますが、正社員が50名以上、銀行からの融資が10億円以上もあり、地元の方から大きな会社と思われているような企業の社長用ではありません。あくまで、中小企業というより零細企業の社長のために作ったものです。経営改善計画書等を作成するための書籍やパソコンソフトも発売されていますが、それらは一般的な中小企業全てをターゲットにしているため、中小、特に零細企業のリスケには不必要な資料も数多く含まれています。

また、この計画書作りには**必要最小限の情報のみ**を整理するよう心がけています。社長には一刻も早くリスケを勝ち取っていただき、本業に精力を注ぐ時間を少しでも作りたい、という思いからです。

副次的な効果として、必要最小限でシンプルであればあるほど、銀行員からの説明要求攻勢から逃れることができます。「資料は多いほうがよい」という誤解があるかもしれませんが、無駄に資料が多いと銀行員から質問攻勢を受け、リスケに手間取るだけです。

しかしシンプルであっても、銀行員がリスケ稟議を起案するのに必要な項目は、全て網羅しています。

①窮境状態に陥った原因の説明

社長の事業が、窮境状態になったのはなぜでしょうか？　その原因を追及します。原因さえはっきりすれば、改善計画の中でそれらを削除していくことが、具体的な改善策に直結します。

・当社の沿革（↓143ページ）

・窮境状態となった原因（↓147ページ）
・強みと弱み、機会と脅威の分析（↓149ページ）

②具体的な経営改善方針と各種リストラの内容

次はそれらの要因を取り除く番です。具体的に、いつどのように、窮境に陥った要因を取り除くのかを示しましょう。加えて具体的なリストラ策を示すこともポイントです。さらに売上を最低限確保しつつ、どの部門、商品で利益を上げていくかということが説明できれば万全です。

・経営改善策①基本方針（↓151ページ）
・経営改善策②業務リストラ、財務リストラの明確化（↓155ページ）
・3期比較販管費 及び 改善計画（↓158ページ）
・3期比較製造原価報告書 及び 改善計画（↓159ページ）

③具体的なリスケ依頼内容

・リスケジュール依頼内容（↓163ページ）

④全金融機関との取引内容

リスケを勝ち取るには、銀行に対して「衡平・公正・透明性」が必要です。そのためには、全金融機関との取引内容を開示する必要があります。証書貸付、手形貸付、当座貸越、手形割引、担保預金の内容等々、一つひとつの融資内容に関しての一覧表を作成します。

・**金融機関取引一覧表**（→168ページ）

・**金融機関別借入金一覧表**（→168ページ）

⑤今後1年間の月次資金繰り表

リスケを申し入れた際に、銀行が最も危惧するのがリスケ後の資金繰りです。銀行から見れば、「リスケをすれば、本当に社長の会社は立て直しがきくのか？」ということが、最も気になる点です。「リスケはしたが、結局資金繰り破綻を起こした」という事態になることを最も憂慮しています。今後1年間の資金繰り表は、「銀行さえリスケに応じていただければ、当社は立て直すことができる」という社長による証明書です。

・**月次資金繰り表**（→172ページ）

⑥今後5年間の中期経営計画

「今後5年間をどのように展望するか」を明確にするのが、中期経営計画です。一般的には、5年間の損益計算書を予測するものです。

損益計算書というと、堅苦しく思うかもしれませんが、要は売上高、粗利益、営業利益、経常利益、当期利益の予測です。決算書のような細かい経費の内訳までは必要ありません。

・中期経営計画書(5カ年計画)**(↓177ページ)**

以上の6つが整えば、内容の充実した経営改善計画書になります。

「リスケには、こんなにたくさんの資料が必要なのか」と思われるかもしれませんが、そんなことはありません。いつも社長が考えていることを、資料として整理するだけです。

社長は事業がうまくいかなくなった原因を考えたことはありませんか? その対策をどのようにするか考えたことがないですか? 細部はともかく、銀行との取引内容は大まかに押さえているのではありませんか? 資金繰りについても概ね把握していませんか? 決算の打ち合わせを毎年税理士の先生と行なっていませんか?

そうです。**社長は普段から「経営改善計画書」の骨子を考え続けている**のです。ただ、リスケを依頼するために、どのようにまとめればいいのかを知らないだけなのです。

そうとわかれば、自信を持って経営改善計画書作りを始めましょう。

④全金融機関との取引内容

金融機関取引一覧表

平成23年3月31日現在

（千円）

		担保預金			借入金					預貸率
		定期預金	その他預金	合計(a)	手形割引	短期借入	長期借入	合計(b)	シェア	(a/b)
1										
2										
3										
4										
5										
6										
7										
8										
9										
10										
合計										

長期借入金毎月返済額	法人	個人
元金		
金利		

金融機関別借入金一覧表

（千円）

	借入銀行	資金用途	当初借入	現在残高	金利	借入日	借入期日	約定日	毎月返済元金	毎月返済金利	毎月返済元利計	保証	不動産等物的担保	備考
1														
2														
3														
4														
5														
6														
7														
8														
9														
10														
	合計													

⑤今後1年間の月次資金繰り表

月次資金繰り表

（千円）

		（実績）	（見込み）												
		平成○年○月	平成○年○月	平成○年○月	平成○年○月	平成○年○月	平成○年○月	平成○年○月	平成○年○月	平成○年○月	平成○年○月	平成○年○月	平成○年○月	平成○年○月	平成○年○月
前月繰越残高(A)															
収入	売上収入(現金)														
	取立手形落込														
	手形割引														
	その他														
	計(B)														
	仕入														
	人件費														
	経費														
	支払利息割引料														
	支払手形決済														
	税金														
	その他														
	計(C)														
経常収支															
差引過不足 (A)+(B)-(C) (D)															
財務収支	借入金(E)														
	預積金払出(F)														
	借入金返済(G)														
	預積金預入(H)														
翌月繰越残高 (D)+(E)+(F)-(G)-(H)															

元金返済がゼロになり、資金繰りが少しずつ楽になる

中期経営計画書（5カ年計画）

（千円）

		平成○年○月実績		平成○年○月実績		平成○年○月実績		平成○年○月実績		平成○年○月実績		平成○年○月実績	
		実績	構成比	計画	構成比	計画	構成比	計画	構成比	計画	構成比	計画	構成比
1	売上												
2	売上原価(製造原価)												
3	売上総利益[1-2]												
4	販売管理費												
5	(内減価償却費)												
6	営業利益[3-4]												
7	営業外収益												
8	営業外費用												
9	(内支払利息)												
10	経常利益[6+7-8]												
11	特別利益												
12	特別損失												
13	税金[(10+11-12)×0.4]												
14	当期純利益[10+11-12-13]												
15	キャッシュフロー[5+14]												
16	有利子負債(銀行借入)額												
17	有利子負債返済年数[16÷15]												

※リスケ前の決算　※リスケに入った年の決算　※リスケによって建て直しが始まった決算

※社長所有遊休地売却30百万円、返済充当

⑥今後5年間の中期経営計画書

経営改善計画書の内容

①窮境状態に陥った原因の説明

1.当社の沿革

決算年度	イベント	ヒト	モノ	カネ	外部要因
平成○年 ○月期					
平成○年 ○月期					
平成○年 ○月期					
平成○年 ○月期					
平成○年 ○月期					

沿革の中での成功要因

2.窮境状態となった原因

①長期的原因

②短期的・直接的要因

3.強みと弱み、機会と脅威の分析

当社の強み（技術・従業員・設備 等）	当社の弱み（技術・従業員
外部要因のチャンス（景気・市場・競合 等）	外部要因のピンチ（景気・

表紙

○○銀行　御中

経営改善計画書

日付　社名

4.経営改善策

①基本方針

	内容
・強みを守る ・強みを生かす	
・弱みを正す ・弱みから撤退 ・選択と集中	
・チャンスを生かす	
・具体的数値	

②業務リストラ、財務リストラの明確化

（業務リストラ）

・役員報酬の削減

平成○年○月度 [　　万円]　平成○年○月度 [　　万円]

・販売費及び一般管理費の削減

平成○年○月度A [　　万円]　平成○年○月度B [　　万円]

・製造原価の削減

平成○年○月度C [　　万円]　平成○年○月度D [　　万円]

※詳細別紙（三期比較販管費+改善計画、三期比較製造原価+改善計画）

業務リストラ効果合計 [　　万円] (A-B)+(C-D)

（財務リストラ）　不要不急資産の売却・処分

項目	金額	時期	資金使途

財務リストラ効果合計 [　　万円]

5.リスケジュール依頼内容

・弊社は以上の方針を持って、事業の再生に取り組みます。
・しかしながら、それらが具体的成果を上げるにはかなりの日数が必要と思われます。
・恐れながら、成果が具体的になる期間を1年間と定め、その間の返済は利息のみのリスケジュールをお願いします。
・なお、元金返済額については、1年後の状況により協議させていただきたいと考えます。
・金利水準は現行を維持していただきますようお願いします。

以上

②具体的な経営改善方針と各種リストラの内容
③具体的なリスケ依頼内容

3期比較

総売上
役員報酬
給料手当
法定福利費
福利厚生費
[illegible]
外注費
広告宣伝費
消耗品費
事務用品費
旅費交通費
通信費
配送費
水道光熱費
交際費
会議費
衛生検査費
諸会費
租税公課
保険料
地代家賃
リース料
修繕費
減価償却費
支払手数料
雑費
合計

3期比較製造原価報告書 及び 改善計画　（千円）

	平成20年12月期		平成21年12月期		平成22年12月期		平成23年12月期計画		対前年比削減額
期首棚卸高									
当期仕入高									
期末棚卸高									
(材料費)									
給料・手当									
法定福利費									
福利厚生費									
(労務費)									
外注費									
広告宣伝費									
販売促進費									
消耗品費									
事務用品費									
旅費交通費									
通信費									
配送費									
水道光熱費									
交際費									
会議費									
教育研修費									
衛生検査費									
諸会費									
租税公課									
保険料									
地代家賃									
リース料									
修繕費									
減価償却費									
支払手数料									
雑費									
(経費)									
当期製品製造費用									
期首仕掛品棚卸高									
期末仕掛品棚卸高									
当期製品製造原価									
製造原価									

（添付資料）
3期比較販管費及び改善計画
3期比較製造原価報告書及び改善計画

銀行員にラクをさせる経営改善計画書

本書でお教えする経営改善計画書は、銀行担当者の作業を助けることになるでしょう。2章2項でもお伝えしたように、本部に上げるリスケ稟議書の作成がスムーズに進むことに加え、さらに金融庁の検査にも耐えることができるからです。

銀行を監督する金融庁は、1〜3年サイクルで銀行を直接検査します。その際、銀行は「自己査定」という顧客毎に評価する書類を提出します。

検査官はこの書類を見て、銀行の不良債権額を判定します。自己査定の書類が不完全なもので、不良債権が増えれば支店長は左遷ものです。経営改善計画書は、ある意味銀行員の命運を握る書類と言えるかもしれません。

社長が作ろうとしている経営改善計画書は、**自己査定の書類に直結する書類**です。2章2項で説明した「銀行がリスケを嫌がる本当の理由」とならないためにも、内容の充実した経営改善計画書にする必要があります。

内容の充実した経営改善計画書とは、銀行が求める情報を、適切に開示する計画書のことです。最も望ましいのは**社長が自らが真剣に取り組んで作成した経営改善計画書**であるということです。「他人任せでない計画であれば、計画の実現可能性も高まる」と銀行員も考えるからです。

社長によっては、中小企業診断士や公認会計士、経営コンサルタントに経営改善計画書の作成を、丸投げするようなケースも散見します。確かに、そのようなプロが作成すれば、当然見た目も内容もしっかりしたものができるでしょう。

しかし、経営改善計画書の丸投げは、絶対に賛成できません。社長が真剣に取り組んだ経営改善計画でなければ、実効性がないことは誰にでもわかることだからです。

内容が充実した経営改善計画書があれば、銀行担当者はラクになります。社長にとって大事なことは、その結果、**銀行または銀行担当者との信頼関係が高まる**ことでしょう。リスケせざるを得ない、いわば危機状態の中で、社長と取引銀行との信頼関係が高まることは、将来に向けて重要な財産となります。

2 リスケを成功させるための経営改善計画書とは？

これまで数多くの経営改善計画書作成のお手伝いをさせていただく中で、リスケを成功させるための経営改善計画書には、２つのコンセプトが必要であることがわかりました。次項以降の具体的な経営改善計画書作成に入る前に、読者の皆さんに理解していただきたいと思います。

１つ目は、**「銀行と痛みを共有する姿勢」**を明確にすることです。

社長はかつて、銀行と融資実行について合意しています。借りる金額、月々の返済の方法、万一の際の担保、保証人の契約などです。リスケの申し入れは、それらの合意を銀行に了解の上、変更してもらうことを意味します。

「確かに印鑑は押したが、銀行がそれでなければダメと言ったので、仕方なしに結んだ契約だ」「合意ではなく銀行の押しつけだ」と主張する社長に、過去何人も出会いました。

しかし、現代社会において契約は絶対です。済んでしまったことに憤るより、これからは、社長の事業を再生させることに心を寄せるべきです。

リスケはあくまで、社長からの依頼事項であることを理解してください。「予定通り返済できません」というお願い事ですから、社長もそれなりに銀行と痛みを共有する姿勢を見せるべきです。

その代表格は**社長の役員報酬の削減**です。私がクライアントからのご依頼で、経営改善計画書の作成をお手伝いする場合も、真っ先に役員報酬削減の覚悟を伺います。

私が社長の交渉に立ち会った際に、銀行サイドから、経営改善計画作成に関わった者として意見を求められた場合にも、「社長には経営責任者として、銀行と痛みを共有すべく、役員報酬の削減が必須と説明し、社長も納得されました」と言えば、ほぼ100％、支店長や役席は大きくうなずきます。当然、うなずいていただいた後の交渉は、スムーズに進みます。

銀行から要請されずとも、こちらから積極的に痛みを分かち合う姿勢を明確にすることが大事です。こちらからその姿勢を示せば、**主導権を相手方には取られにくくなり、リスケ交渉がスムーズに運ぶ**からです。

2つ目は、**「銀行員は企業経営を知らない」**ということを理解することです。

意外な真実ですが、ほとんどの銀行員は、企業経営の経験がありません。なぜ、こんな当たり前のことをここで述べるのかというと、私が銀行員だったとき、取引先の社長に対して、生意気にも経営に口を挟んだ経験が多々あったからです。当時の私は、本をかじっただけの企業経営知識しかないにもかかわらず、企業経営をわかっていると思っていたのです。

しかし、自分が企業経営の中枢になったとき、銀行員時代の本だけの知識が現場には簡単に通用しないということを身をもって知りました。今から思えば、銀行員時代、さも知っているかのごとく、社長にアドバイスしていたことが本当に恥ずかしく思い出されます。

銀行員は、新入社員の頃からさまざまな研修を受け、何種類もの資格試験をパスしなければ昇格できない、という仕組みの中で日常を送っています。一般的には、金融、法務、企業経営について非常によく勉強しています。

しかし、金融や法務については、知識だけでなく日々実践していることなので当然プロなのですが、会社経営については、知識だけで実践することはありません。彼らが経営に関して繰り返す言葉は、新聞やベストセラーの書籍に載っている一般論がほとんどで、突き詰めて言えば、社長にとって「そんな簡単にできれば苦労はない」ということが大半のはずです。

そんな銀行員に対して、社長の事業再生についての前向きな主張、たとえば「当社の技術の優位性」「商品販売の見込み」「マーケティングの戦略」などの話をしても、表面的にはわかっていても、本質の部分はよくわからないのです。

しかも銀行員は、特に1980年代のバブル経済崩壊以降、保守的に物事を考えるようになっています。「現在はリスケしなければならない窮境状態だが、2年後には中国市場が本格化するので、確実に売上が伸びる」というような前向きな見込みを、たとえ社長が綿密な資料に基づいて説明しても、銀行員は話半分程度にしか実感できません。

社長の事業は何らかの要因で、売上や利益が急減したはずです。言ってしまえば、一度は経営の見通しを誤っているということです。そんな前提があるわけですから、「売上が急回復する」というシナリオは銀行員にとって受け入れがたいものであることは想像できると思います。

リスケの稟議書としては、「売上の伸びは、あまり期待しない」というような、できれば**保守的な計画によるものが銀行員には望ましい**のです。

しかし、銀行員が絶対に数字で理解することがあります。それがリストラです。先に役員報酬の削減をあげましたが、それ以外にも**「大胆なリストラを実行する」という計画を盛り込んだ、経営改善計画書にすべき**です。

リストラ詳細については後述しますが、銀行にとって望ましい事業改善のストーリーとは、次の通りです。

- **売上に関して、最悪期は脱したが、大幅な改善は見込んでいない**
- **役員報酬をはじめとするリストラを大胆に実行する**
- **従来100あった売上は、現在60まで落ち込んだが、今後売上回復が80まで見込める**
- **80の売上であれば、大幅なリストラ効果も加わり、利益やキャッシュフローは黒字に転換する**
- **そうすれば、銀行への元金返済も十分再開できる**

仮に社長にとって「売上は80にとどまらず、従来の100以上に回復する」という絶対のシナリオを持っていたとしても、それは一旦しまっておきましょう。

前向きな目標を持つことは、社長を務める方にとって大事な資質です。しかし、それらはあくまで「目標」です。銀行に提出する経営改善計画書は、実現すべき銀行との約束ですから、**約束を守れない事態になれば、銀行との信頼関係が崩れてしまいます。**

約束は確実なラインに押さえましょう。**社長の目標と、「銀行への約束=計画」が同じである必要はない**のです。

3 窮境状態に陥った原因の説明

「事業がうまくいかないのは、100年に一度の大不況が原因だ」というお話をよく聞きますが、社長がピンチを迎えたのは、本当にそれだけが理由でしょうか? 過去100年の間、日本は「世界恐慌」や「世界的な大戦争」も経験しています。イメージで「不況が原因」というのは、責任と原因の所在を曖昧にするために使われているような気がします。

社長は今、ピンチを迎えています。しかし、これはある意味、チャンスと考えましょう。窮境状態になった原因を外部要因のせいのみにするのは、経営者の取るべき道とは思えません。真摯に社長の会社の弱点を見つけ出しましょう。

社長の会社の沿革を作る

一流コンサルタントの書籍では、事業分析にさまざまな手法を使います。しかし、社長が普段親しんだことのない事業分析手法を使って、窮境原因の本質に迫れるとは思えません。

窮境状態に陥った原因は、社長の事業の沿革を整理するだけで特定できますので、その手順を説明しましょう。

次ページに簡単なモデルを提示しましたので、参考にしてください。商店街で社長と奥さんで惣菜製造販売を開始し、銀行からの融資を得て工場を新設。商店街だけでなく、食品スーパーマーケットにも商品卸を開始したAさんのケースです。

①社長の事業を創業から1年毎に表に入れていく

1年毎の表は、必ず決算書の期間と合わせます。決算書が決算期毎の数字の通信簿ですが、その数字の裏にあった、数字だけでは表せない、さまざまな出来事を一目でわかるようにするためです。

②創業時から、イベント・ヒト・モノ・カネ・外部要因の項目を埋めていく

イベントとは、社長の歴史である創業、法人設立。新規事業開始、大口取引先との契約などの、事業に関わる大きな出来事を記載します。

次にヒト。役員の変動、社員数の変化などです。

1.当社の沿革

決算年度	イベント	ヒト	モノ	カネ	外部要因
平成18年12月期	法人設立。本格的に事業開始	妻と二人でスタート	商店街に店舗出店	店舗出店費用を○○信金の保証協会融資で調達	
平成19年12月期	主力取引先となる近隣スーパーA社と取引開始	学生アルバイト2名を採用			
平成20年12月期	外注に出していた梱包を内製化	アルバイトを正社員に登用	内製化のため、新たなライン設備投資	○○信金から設備資金と運転資金を調達	
平成21年12月期	第5期目標として売上10億達成を掲げる	正社員5名、アルバイト10名体制	新工場を賃貸。工場設備新設	工場新設資金を××銀行のビジネスローンで調達	リーマンショックの影響
平成22年12月期	A社からの受注がリーマンショックの影響で低迷。来期は30%減もあり得る	正社員10名、アルバイト20名体制		△△信用組合より保証協会セーフティネット融資で不足運転資金調達	A社が大手スーパーの傘下入り

沿革の中での成功要因

- 平成18年、○○信金が機械購入費を融資してくれたおかげで、独立、事業開始できたこと。
- アルバイトが有能で、正社員として登用。大きな戦力になっていること。
- 新工場設置のチャンスに、○○銀行から8,000万円をビジネスローンで資金調達ができたこと。

モノとは、機械への投資、不動産への投資、工場や事務所への投資などです。
カネは銀行取引、設備投資のための資金調達、友人からの増資なども含まれるでしょう。

書き終わったら、改めて沿革の表を見つめてください。過去の社長の成功と失敗が目に映りませんか？

「あのときの工場新設で、事業は飛躍すると思っていたが、今思えば実力を過信していたな」
「銀行から借りてくれと言われたときは大物になったような気がしたが、やり過ぎたな」
「将来の片腕として、期待した社員が辞めたのは3年前。辞めた原因は何だったのか」
「4年前、飛び込みで新規獲得した大口取引先が突然、業況不振になって受注が細ったのは2年前のことか」

社長の脳裏には、さまざまな出来事が去来するはずです。それらが目に映ればしめたものです。沿革を1年ごとに整理し、その中に現れた社長の成功要因を列記してみましょう。

沿革の整理では、**社長の成功と窮境原因のイメージを明確にすることが最も重要**です。イメージさえ明確にできれば、窮境要因の排除や改善計画のイメージが湧き出てくるはずです。

なお、沿革の中での成功要因は必ず箇条書きにしてください。計画書に美文はまったく必要ありません。文章にしようとすればするほど、ポイントが不明確になっていくからです。

窮境状態となった原因を特定する

沿革を整理することで、社長の今までの歴史と成功のさまざまな要因が明らかになります。これまで何度もクライアントの社長と経営改善計画を作らせていただきましたが、会社の沿革の中には、必ずと言ってよいほど成功体験が現れます。

しかし翻ってみれば、過去の社長の成功体験が、実は現在の窮境要因に直結していることが見受けられます。「成功のなかに衰亡の種子がある」という言葉もありますが、まさにその通りでしょう。

次の手順としては、沿革から窮境状態となった原因を探します。明確な失敗要因は簡単でしょうが、懐かしい成功、過去の栄光が現在の窮境原因に直結しませんか？　それが沿革から導き出す、**長期的に見て窮境状態となった原因の特定**です。

次に、リスケを申し込まなければならなくなった**短期的・直接的な原因を特定**しましょう。

今まで社長は「銀行によいところを見せよう」という気持ちで、銀行員と接していたと思

2.窮境状態となった原因

①長期的原因

- 売上10億円を目指したため、新工場の規模、投資額が大き過ぎたこと。
- 工場投資の資金を自己資金ゼロで、銀行からの融資に頼っていたこと。
- 売上の50%をA社に依存しており、他社への営業がおろそかになっていたこと。

②短期的・直接的要因

- 資金繰りに予定していた、○○銀行からの折り返し融資が不調となったこと。
- A社で予定していた売上が予定より大幅に減少したため、見込みで仕入れた支払い代金が過重になったこと。
- 予定した売上入金が、取引先の〆日変更のため、翌月入金になってしまったこと。
- 直近期の年間キャッシュフロー420万円に対し、長期借入金の元金返済ペースが年間3,200万円になっていたこと。

います。「よいところを見せること」＝「銀行から借りるため」であったはずです。

しかし、いざリスケの場合、そのような考え方は改めましょう。

リスケを申し出るということは、「当面融資は受けられない」「融資を受けずとも事業を続けていく」ということです。

新規で融資を受けることが、当面ないわけですから、背伸びして自社をよく見せる必要はありません。

自社の窮境状態になった原因を特定し、正直に銀行に公開することが、リスケに対して社長が正面からぶつかっていることを、銀行にアピールすることになるのです。

社長の会社の強みと弱み、機会と脅威を分析する

沿革の整理によって、社長の過去の成功体験と、長期的・短期的に窮境状態に陥った原因がはっきりしました。次は、窮境原因を克服する方法を検討する番です。

「克服すると言っても、何をどうやって克服すればいいのかがわからない」「それがわかれば苦労はない」と思われるかもしれません。

しかし、簡単に克服する手段を見つける方法があります。「SWOT分析」という手法（強み＝Strengths、弱み＝Weaknesses、機会＝Opportunities、脅威＝Threatsの4つの視点で評価分析する）です。アメリカの有名ビジネススクールが、推奨している分析手法ですが、何も難しく考える必要はまったくありません。

中小零細企業の社長は、昼も夜も事業のことばかり考えています。「どうしたら売上・利益が上がるか」「そのためには何をすべきか」「やるべきことは見えているが、何から手をつけたらいいいか」……。そんな普段、社長が考えていることを、4つにまとめて整理するだけです。

3.強みと弱み、機会と脅威の分析

当社の強み(技術・従業員・設備 等)	当社の弱み(技術・従業員・設備 等)
・炒め物惣菜の味に定評がある。 ・正社員が真面目で優秀。 ・多品種のオーダーに対応できる。	・設備が売上に比べて過大。 ・資金繰りがどんぶり勘定になっている。 ・個々の商品別収益がわからない。

外部要因のチャンス(景気・市場・競合 等)	外部要因のピンチ(景気・市場・競合 等)
・リーマンショックの後大幅に落ち込んだA社との取引が徐々に回復している。 ・近隣に大手スーパーが出店する話があり、商店会を通じて、取引交渉の可能性がある。 ・新規取引可能先数社から見積もり依頼がある。	・商店街店舗の売上が伸びる要因は少ない。 ・近隣に取引のない大手スーパーが出店するとの話がある。 ・主力取引先A社が大手の傘下に入り、今後どのような方針を取るかがわからない。

①当社(社長)の強みは何ですか?
②当社(社長)の弱みは何ですか?
③社長には今後どんな外部要因のチャンス(機会)がありますか?
④社長には今後どんな外部要因のピンチ(脅威)がありますか?

いかがでしょうか? 社長が普段考えていることを素直に書き出すだけです。4つの整理がつけば、経営改善計画の基本方針はできたも同然です。

4 具体的な経営改善方針と各種リストラの内容

前項で社長は自社の強みと弱み、チャンスとピンチを整理することができました。なぜそんな作業を行なったかというと、この分析結果によって、経営改善のあり方や基本方針を明確にすることができるからです。

それでは、社長が整理した4項目から経営改善計画の基本方針を導き出しましょう。

【キーワード1】当社の強み

企業には必ず「強み」が存在します。「強み」のない企業は、存在そのものが不可能だからです。それでは社長は、今後その「強み」を「どのようにすればよい」と考えますか？当然「強みをさらに生かそう」と考えるはずですし、それが大正解です。

事例の会社の場合、強みは「お惣菜の味」「優秀な社員」「多品種対応力」です。計画の中では、この「強み」を生かすことが大前提になります。

しかし、私の経験でも、クライアントと一緒に銀行に改善計画を説明する際、銀行サイドが社長の会社の「強み」を理解せず、逆に「強み」を奪う強引なリストラを提案されたことがありました。「強み」は最低限守らなければなりません。できれば「強み」を生かす具体的施策を見つけ出したいものです。

基本方針第1のキーワードは、**「強みを守る」「強みを生かす」**です。

【キーワード2】当社の弱み

企業において「これが弱みの事業（部門・商品）だな」と確信できるものがあれば、基本方針の答えは簡単です。その事業・部門・商品からの撤退です。

そして、強みの事業（部門・商品）にヒト・モノ・カネの経営資源を集中します。これを事業の「選択と集中」と呼びます。

ところがこの撤退、私の経験上多くの社長が最も決断を渋る事柄でもあります。社長からすれば思い入れのある部門・商品等でしょうから、気持ちは察します。

しかし、部分的な不振で全体に悪影響が出るものは潔くあきらめましょう。本当は社長自身がよく理解しているはずです。

社長は窮境状態に陥り、銀行にリスケを要請する状況です。つまりヒト・モノ・カネという経営資源は、今後の社長にとって極めて限られた資源になります。

限られた経営資源は、強みの事業・部門・商品にのみ投入すべきです。

基本方針第2のキーワードは、**「弱みを正す」「弱みからの撤退」「選択と集中」**です。

【キーワード3】外部要因のチャンス

外部要因にチャンスがある。大変喜ばしいことです。なぜならチャンスに向かって、具体的な活動を取ることができるからです。

しかし、チャンスがあるのはわかりつつ、チャンスに向かって十分な活動ができていない理由が社長にはあります。それは資金繰りに振り回される社長の現状です。

社長は、リスケによって具体的に活動できる「時間」を獲得することができます（中小零細企業の社長にとって時間がいかに重要かは、既に述べました）。その時間をどのように生かすのか、「②弱み」の「選択と集中」とあわせて、今までできなかった具体策を実施しましょう。

「リスケによっていただいた時間を、営業努力等のチャンスを生かすことに集中します」と銀行に説明すれば、経営改善計画書の説得力は大幅に高まります。

基本方針第3のキーワードは**「チャンスを生かす」**です。

4.経営改善策

①基本方針

	内　容
・強みを守る ・強みを生かす	・惣菜の味、多品種に対応できる弊社の強みを生かすため、社員の給与等へのリストラは実行しません。 ・但し、不要の残業等、時間管理の徹底で、全体としての○%の人件費抑制に努めます。
・弱みを正す ・弱みから撤退 ・選択と集中	・商品の個別収益力を測定し、収益の低い、またはマイナスの商品製造から撤退します。 ・原則として、粗利率30%以下の商品から撤退します。 ※具体商品名:○○、△△、×× ・撤退によってできた製造部門の人員1名を社長直属の営業に回し、新規開拓の専任者とします。
・チャンスを生かす	・出店予定の大手スーパー○○に、自らトップ外交を実践します。 ・その他新規取引先の開拓は、社長自らの陣頭指揮の下、新たに営業に回した1名が担当します。 ・撤退商品により見込まれる○○円程度の売上減を、新規開拓により補てんできるようにします。
・具体的数値	・上記施策により、今期売上高は○○○○円を確保します。 ・粗利益率は○○%を確保します。

【キーワード4】具体的数値

基本方針はこれで出揃いました。しかし、リスケ用の経営改善計画書としては不足している部分があります。それは**具体的な業績数値の明確化**です。いかに社長が具体的な施策を説明しても、数値がなければ銀行は納得しません。販管費を中心とした具体的リストラ策は後ほど作成しますので、ここでは売上高と粗利益率を明確にすればＯＫです。

基本方針第４のキーワードは、売上高や粗利益率などの**「具体的数値」**です。

経営改善計画のリストラ内容を作る

いよいよここからは、各種リストラ計画の作成に入ります。何度も述べたように、銀行員がリスケを検討する際、最も注視する部分です。

ここで注意すべきことの1つ目は、**「数値でリストラを示すこと」**です。何度も言うように、銀行員は最終的には数値で判断するからです。

なお、リストラといえば、単純に人減らしのように受け取る方が多いようですが、それは違います。元々リストラとは、英語の「Restructuring（リストラクチャリング）」の略で、「再構築」というが本来の意味です。「人減らし」という意味ではありません。**「企業の中身を再構築し、無駄を排除する」**と考えるとよいでしょう。

2つ目は、3つの種類別に具体的なリストラ計画を示すことです。あまりなじみがないかもしれませんが、リストラには、次の3つの種類があるからです。

①事業リストラ

事業リストラは、事業の**「選択と集中」を図る**ものです。基本方針作成時に既に決定済み

②業務リストラ、財務リストラの明確化

（業務リストラ）

・役員報酬の削減
　平成22年12月度　1,000万円　平成23年12月度　600万円

・販売費及び一般管理費の削減
　平成22年12月度（A）　6,160万円　平成23年12月度（B）　4,840万円

・製造原価の削減
　平成22年12月度（C）　13,320万円　平成23年12月度（D）　12,540万円

※詳細別紙（三期比較販管費+改善計画、三期比較製造原価+改善計画）

業務リストラ効果合計　2,100万円
（A-B）+（C-D）

ですので、ここでは業務リストラから説明します。

②業務リストラ

業務リストラの第一歩は、**役員報酬の削減**について明確に約束することです。すでに述べたように、**銀行から要請されずとも、こちらから積極的に痛みを分かち合う姿勢を明確にすることで、リスケ交渉がスムーズに運ぶ**からです。

ここで問題になるのは、役員報酬をどの程度まで削減するかです。適正な役員報酬削減の方程式はありませんが、一般的に社長の月額報酬は30万円から50万円程度に収めるのが適切かと思われます。

しかし私の経験上、削減を約束したにもかかわらず、年収1000万円以上の役員報酬を主張する社長もいました。そのような社長からすれば、（仮に）元々の年収2000万円を半減させたという考えな

のでしょう。しかし、これでは話になりません。金融機関にもよりますが、銀行の役席・支店長以上の収入を主張しているようでは、痛みを分かち合う姿勢にはならないのです。

次に、**日々の事業の中で、無駄な経費を削減**していきます。販管費と製造原価の各勘定科目別にいくらの金額を削減していくかを約束するのです。

各勘定科目別の削減幅については、個別の会社の事情があるので一概には言えません。しかし、間違いなく大幅に削減すべきは**接待交際費**です。リスケ中の会社が大きな金額の接待交際費を使うのは、道義的にも、企業経営的にも明らかに間違いです。

その他、科目費用削減を検討する際に役立つのが、決算書の「過去3期比較」です。

金融機関の場合、取引先の決算書数値を、専用のコンピューターソフトに入力し、経営状況を詳細な比率で分析しています。しかし、中小企業、特に零細企業の場合は、詳細な数字を緻密に分析しても、企業の本質はよくわかりません。

それよりも、大変アナログな方法ですが、単純に直近3期分の決算書の数字を並べ、各科目の金額がどのように増減しているかを見ることで、企業活動の中身が見えてくるものです。

ここでは、その手法を費用削減の改善計画のために活用します。158・159ページを参考にしながら、「販売費及び一般管理費と製造原価報告書」の過去3期分の数値を一覧表

各項目別に
削減数値を決定

3期比較販管費　及び　改善計画

(千円)

							改善計画		
	平成20年12月期		平成21年12月期		平成22年12月期		平成23年12月計画		対前期比削減額
総売上	150,000		180,000		200,000		180,000		
役員報酬	7,500	5.00%	8,000	4.44%	10,000	5.00%	6,000	3.33%	-4,000
給料手当	20,000	13.33%	25,000	13.89%	27,000	13.50%	24,000	13.33%	-3,000
法定福利費	2,000	1.33%	2,300	1.28%	2,500	1.25%	2,200	1.22%	-300
福利厚生費	200	0.13%	250	0.14%	300	0.15%	150	0.08%	-150
荷造包装費	3,000	2.00%	4,000	2.22%	5,000	2.50%	4,000	2.22%	-1,000
外注費	300	0.20%	450	0.25%	500	0.25%	300	0.17%	-200
広告宣伝費	400	0.27%	500	0.28%	600	0.30%	600	0.33%	0
消耗品費	100	0.07%	250	0.14%	300	0.15%	200	0.11%	-100
事務用品費	150	0.10%	150	0.08%	200	0.10%	100	0.06%	-100
旅費交通費	1,000	0.67%	1,500	0.83%	2,000	1.00%	1,500	0.83%	-500
通信費	200	0.13%	300	0.17%	400	0.20%	300	0.17%	-100
配送費	800	0.53%	1,000	0.56%	1,200	0.60%	1,000	0.56%	-200
水道光熱費	800	0.53%	1,000	0.56%	1,200	0.60%	1,000	0.56%	-200
交際費	500	0.33%	800	0.44%	2,000	1.00%	700	0.39%	-1,300
会議費	50	0.03%	50	0.03%	100	0.05%	50	0.03%	-50
衛生検査費	200	0.13%	350	0.19%	500	0.25%	350	0.19%	-150
諸会費	100	0.07%	100	0.06%	200	0.10%	50	0.03%	-150
租税公課	150	0.10%	200	0.11%	300	0.15%	200	0.11%	-100
保険料	100	0.07%	100	0.06%	200	0.10%	100	0.06%	-100
地代家賃	1,000	0.67%	1,500	0.83%	2,000	1.00%	1,500	0.83%	-500
リース料	1,000	0.67%	1,500	0.83%	2,000	1.00%	2,000	1.11%	0
修繕費	100	0.07%	100	0.06%	300	0.15%	100	0.06%	-200
減価償却費	700	0.47%	1,000	0.56%	1,300	0.65%	1,300	0.72%	0
支払手数料	300	0.20%	500	0.28%	700	0.35%	400	0.22%	-300
雑　費	200	0.13%	300	0.17%	800	0.40%	300	0.17%	-500
		0.00%		0.00%		0.00%		0.00%	0
合計	40,850	27.23%	50,900	28.28%	61,600	30.80%	48,400	26.89%	-13,200

中期経営計画の
数字に反映させる

各項目毎に削減数値を決定

3期比較製造原価報告書 及び 改善計画

(千円)

	平成20年12月期		平成21年12月期		平成22年12月期		改善計画 平成23年12月期計画		対前期比削減額
期首棚卸高	500	0.49%	800	0.63%	850	0.64%	850	0.68%	0
当期仕入高	50,000	49.02%	65,000	51.44%	66,000	49.55%	63,000	50.24%	-3,000
期末棚卸高	500	0.49%	850	0.67%	850	0.64%	300	0.24%	-550
(材料費)	50,000	49.02%	64,950	51.40%	66,000	49.55%	63,550	50.68%	-2,450
給料・手当	20,000	19.61%	28,000	22.16%	30,000	22.52%	28,500	22.73%	-1,500
法定福利費	1,200	1.18%	2,000	1.58%	2,200	1.65%	2,000	1.59%	-200
福利厚生費	100	0.10%	200	0.16%	300	0.23%	200	0.16%	-100
(労務費)	21,300	20.88%	30,200	23.90%	32,500	24.40%	30,700	24.48%	-1,800
外注費	200	0.20%	300	0.24%	500	0.38%	300	0.24%	-200
広告宣伝費	50	0.05%	30	0.02%	500	0.38%	300	0.24%	-200
販売促進費	200	0.20%	300	0.24%	500	0.38%	400	0.32%	-100
消耗品費	100	0.10%	120	0.09%	200	0.15%	100	0.08%	-100
事務用品費	200	0.20%	400	0.32%	300	0.23%	200	0.16%	-100
旅費交通費	1,000	0.98%	1,200	0.95%	1,500	1.13%	1,300	1.04%	-200
通信費	200	0.20%	300	0.24%	400	0.30%	300	0.24%	-100
配送費	12,000	11.76%	15,000	11.87%	16,000	12.01%	15,000	11.96%	-1,000
水道光熱費	3,000	2.94%	4,000	3.17%	4,200	3.15%	4,000	3.19%	-200
交際費	200	0.20%	200	0.16%	500	0.38%	300	0.24%	-200
会議費	50	0.05%	50	0.04%	100	0.08%	100	0.08%	0
教育研修費	50	0.05%	50	0.04%	100	0.08%	50	0.04%	-50
衛生検査費	700	0.69%	1,000	0.79%	1,000	0.75%	1,000	0.80%	0
諸会費	100	0.10%	100	0.08%	150	0.11%	100	0.08%	-50
租税公課	50	0.05%	50	0.04%	100	0.08%	100	0.08%	0
保険料	100	0.10%	100	0.08%	150	0.11%	100	0.08%	-50
地代家賃	3,000	2.94%	3,000	2.37%	3,000	2.25%	3,000	2.39%	0
リース料	2,200	2.16%	3,000	2.37%	3,000	2.25%	2,800	2.23%	-200
修繕費	100	0.10%	200	0.16%	200	0.15%	100	0.08%	-100
減価償却費	700	0.69%	1,000	0.79%	1,000	0.75%	900	0.72%	-100
支払手数料	200	0.20%	300	0.24%	500	0.38%	400	0.32%	-100
雑　費	300	0.29%	500	0.40%	800	0.60%	300	0.24%	-500
(経費)	24,700	24.22%	31,200	24.69%	34,700	26.05%	31,150	24.84%	-3,550
当期製品製造費用	96,000	94.12%	126,350	100.00%	133,200	100.00%	125,400	100.00%	-7,800
期首仕掛品棚卸高	3,000	2.94%	3,000	2.37%	3,000	2.25%	3,000	2.39%	0
期末仕掛品棚卸高	3,000	2.94%	3,000	2.37%	3,000	2.25%	3,000	2.39%	0
当期製品製造原価	102,000	100.00%	126,350	100.00%	133,200	100.00%	125,400	100.00%	-7,800
製造原価	102,000		126,350		133,200		125,400		-7,800

中期経営計画の数字に反映させる

にまとめましょう。そして、じっと見つめれば、今までの無駄や削減可能なものが見えてくるはずです。

- 役員報酬
- 本給以外で無駄な残業等の人件費
- 必ずしも必要でない車両関係の費用
- 節約可能な移動に係る旅費交通費
- 今はなくても支障のない保険の費用
- 解約してもよいリース物件の費用
- 付き合いで入っている諸団体の費用
- 何年間も据置のままの家賃賃料等の費用
- よくわからないまま膨れ上がっている消耗品費、事務用品費、雑費

決して無駄とは思わなかった意外なものが、実は無駄であったことがわかるはずです。私の経験でも「もう何も削るモノはない」と断言した社長が、この作業を一緒に行なった結果、何も削減できなかったということは、一度としてありませんでした。

今までは見えなかっただけです。「必ず無駄がある」と思ってこの作業に臨んでください。

中小零細企業が銀行にリストラを宣言する際、科目別の削減額を提示することはあまりないようです。現に筆者がこの書式を活用し出してからまだ数年程度ですが、「詳細にリストラを検討した」と銀行から評価されることが増えました。

3期比較の「販管費・製造原価報告書及び改善計画」は、社長が本気で経営改善に取り組んでいることを示す資料になり得るのです。

③財務リストラ

リストラの最後は、**不要不急の資産を処分して換金する**財務リストラです。対象となるのは、貸借対照表の左側、特に真ん中より下の「固定資産の部」がメインとなります。

- **福利厚生のために取得したリゾート会員権やゴルフ会員権**
- **株や投資信託などの有価証券**
- **稼働していない土地建物**
- **保険積立金**

（財務リストラ）　不要不急資産の売却・処分

項　目	金　額	時　期	資金使途
○○商事の株式	500万円	平成22年10月に実施済	資金繰り充当
生命保険	500万円	平成23年1月に実施済	資金繰り充当
社長所有遊休地	3,000万円 （見込み）	平成23年12月頃を想定	元金返済内入

財務リストラ効果合計　4,000万円

などといった資産は、売却したとしても事業の継続に何ら影響を及ぼしません。すぐにでも資金化して、資金繰りに充てるべきです。

ところがここでも、多くの社長は二の足を踏みがちです。「やっと買ったものなのに」「今売っても価値は3分の1しかない」……。

何度も言いますが、銀行がリスケに応じるのは、社長が身を切る意思を示すからです。自分の身を切る意思のない社長であれば、銀行は協力したいと思いません。社長の決断が、会社を救う、社員を守る、取引先との信頼関係を守ることになるのです。

経営改善計画書では、それらの売却計画を一覧表として表します。土地建物のように売却金額と時期が明確にできないものでも、一覧表に記載しましょう。それらが想定でしかないことは、銀行員も十分心得てくれます。**あくまで想定として、売却金額と売却時期を提示**すればいいのです。

5 具体的なリスケジュール依頼内容

経営改善計画書前半のまとめとして、具体的な取引銀行へのリスケ依頼内容を整理します。経験上、経営改善計画書にやたら資料を並べ立て、結局何を銀行に依頼しているのかがわからない計画書を散見します。そんなピント外れな経営改善計画書では、前向きな交渉に役立ちません。多少言いにくいことでも、明確に提示することが、互いの信頼関係を健全に構築することになります。

社長は銀行に、具体的にリスケの依頼内容を提示しましょう。不明確な依頼内容や、幾通りにも解釈できる文言を使ってはいけません。堂々と明確な依頼内容にするべきです。

計画を実行に移す期間、銀行に依頼する内容をまとめる

リスケジュールの依頼のポイントとしては、**リスケ期間終了後の元金返済額について明確**

5.リスケジュール依頼内容

- 弊社は以上の方針を持って、事業の再生に取り組みます。
- しかしながら、それらが具体的成果を上げるにはかなりの日数が必要と思われます。
- 恐れながら、成果が具体的になる期間を1年間と定め、その間の返済は利息のみのリスケジュールをお願いします。
- なお、リスケ期間終了後の元金返済額については、経営改善の進捗を見た上で協議させていただきたいと考えます。
- 金利水準は現行を維持していただきますようお願いします。
- 代表取締役個人の借入については、役員報酬削減もあるので、法人とあわせ、同期間利息支払いのみのリスケジュールをお願いします。

以上

な約束はしないことです。「1年後のことは、1年後もう一度ご相談させてください」というスタンスです。

私自身の経験として、リスケを銀行に依頼したクライアントが1年後、残念ながら元金返済できる状態まで業績が回復しなかった場合、銀行から「社長の1年前の計画はどうなるのですか」と厳しい追及を受けたことがありました。

「銀行に提出する経営改善計画は保守的に作成したほうがよい」と先述しましたが、見通しのはっきりしないことを、約束するのは控えるのがベターです。

改善計画が予定通りにいかなかった場合は、社長の経営能力に疑問符をつけられかねません。甚だしきは、「社長は嘘をついた」とまで言われてしまいます。

もう一つ、社長個人も銀行からの借入がある場合、法人とあわせて個人名義の借入も、リスケをお願いすべきです。

銀行は中小零細企業に対し、**「事実上、法人個人は一体」**と見なしています。その観点から言えば、法人借入をリスケするが、個人借入をリスケしないというのは論理的に矛盾しています。

さらに社長は、業務リストラの中で、役員報酬削減を真っ先に打ち出しました。個人の収入が確実に減少するのに、無理をして元金返済を続けると、個人が破綻しかねません。せっかくのリスケの意味が半減してしまいますから、「代表取締役個人の借入については、役員報酬削減もあるので、法人とあわせ、同期間利息支払いのみのリスケジュールをお願いします」といった内容を追加するようにしましょう。

日本政策金融公庫は、1年後の返済額を確定する必要がある

中小零細企業の場合、日本政策金融公庫（旧国民金融公庫、旧中小企業金融公庫など）と、取引していることが多いはずです。

日本政策金融公庫は、無担保無保証で借入が可能な「新創業融資制度」など、さまざまな制度で、中小零細企業を支える金融機関です。

しかし、リスケを依頼する場面において、日本政策金融公庫が取引金融機関に含まれる場合、少し勝手が違います。

経営改善計画は、他行とまったく同じものを持参してOKなのですが、「リスケ後、1年後以降の返済額を決めてもらわないと困る」という対応を受けることがあります。日本政策金融公庫だけは、1年後以降の返済額を明記しないと、稟議書を作れないシステムになっているためです。

しかし、他行には「1年後のことは、1年後相談」と言っている手前、いい加減な対応もできません。そんな場合は、次のように対応しましょう。

「弊社が1年後返済可能となる額は、経営改善計画書のうち予想損益計算書のキャッシュフロー金額になります」

「キャッシュフローの全額を返済に回すと不測の事態に対応できませんので、そのうちの70～80％を返済に充てたいと考えています」

「しかしながら、返済再開時には、他行さんにも返済再開しなければなりません」

「ついては、融資残高シェアに合わせて返済額を決定したいと思います」

経営改善計画書に基づき、他の銀行に対しても、「衡平・公正・透明性」の原則を守る対応を心がけることが大切です。

6 全金融機関との取引内容

ここからは経営改善計画書の後半に入ります。前半部分で経営改善計画書の具体的方針と、銀行への依頼事項を整理しましたが、後半は前半で打ち立てた基本方針の実効性を証明する**「資料編」**となります。

社長がせっかく打ち立てた基本方針です。基本方針に沿った資料作りに注意し、まずは全金融機関取引を整理することから始めましょう。

6章作法2で詳しく説明しますが、複数の銀行にリスケジュールを申し入れる場合は、一斉に行なわなくてはいけません。そうしなければ、各銀行は**「衡平・公正・透明性」**がないということで、社長のリスケ要請を受けない可能性が高まるからです。

全行一斉・横並びでない申し入れは、「衡平・公正でない申し入れ」として、銀行はそもそも受け入れてくれません。「衡平・公正・透明性」という考え方はリスケ交渉において、必ず守らなければならないキーワードとして押さえてください。

全金融機関取引内容を公開するのは、**「全行一致のリスケジュール要請であり、衡平・公正・透明性を確保した依頼である」**ことを示す証明書です。

これは、次ページに掲載したような一覧表に取引内容を記載するだけの作業で、何ら難しいものではありません。ただし、全金融機関残高は、リスケ申し入れ時点の日付で記載するようにしましょう。

後ほど詳しく述べますが、全取引銀行とリスケが無事完了した際、銀行によってはリスケ内容の確認のため、リスケ後の新しい**「返済予定表」**の開示を要求されることがあります。「本当に無事、全行のリスケが完了したか」を確認するためですが、ここで経営改善計画書との数字をチェックしますので、くれぐれもケアレスミスがないように注意しましょう。

プチノウハウですが、一覧表への記載は千円単位、百円未満切り捨てによる記載をお勧めします。銀行の稟議書は基本的に、千円単位、百万円単位で作成され、かつ四捨五入は採用せず、全て切り捨てになっているからです。

一覧表を作成する社長にとっても、細かい円単位まで記載するとケアレスミスが出がちになります。銀行の様式に従うことで、社長にとってもミスを防ぎやすいというメリットがあります。

リスケ依頼直前の日付で統一

（千円）　平成23年3月31日現在

借入金					預貸率
手形割引	短期借入	長期借入	合計(b)	シェア	(a/b)
0	0	45,833	45,833	36.6%	2.2%
0	0	60,000	60,000	47.9%	0.0%
0	0	19,334	19,334	15.4%	1.6%
0	0	125,167	125,167	100.0%	1.0%

長期借入金毎月返済額	法　人	個　人	合　計
元　金	2,664	0	2,664
金　利	307	0	307

P.35を参照

直近決算年間キャッシュフロー
4,200

中小零細企業に対して、銀行は
「実質一体」と見ているので、
法人取引だけでなく、個人取引も入れる

（千円）

約定日	毎月返済元金	毎月返済金利	毎月返済元利計	保　証	不動産等物的担保	備　考
31	166	2	168	社長個人保証、保証協会	なし	
31	666	72	738	社長個人保証、保証協会	なし	
31	166	12	178	社長個人保証、保証協会	なし	
31	1,333	192	1,525	社長個人保証	なし	ビジネスローン
5	333	29	362	社長個人保証、保証協会	なし	
	2,664	307	2,971			

※資料編においては、12月決算の会社が4月よりリスケをスタートさせるモデルとしている

金融機関取引一覧表

	金融機関	担保預金		
		定期預金	その他預金	合計(a)
1	○○信金	1,000	0	1,000
2	××銀行	0	0	0
3	△△信用組合	0	300	300
合 計		1,000	300	1,300

金融機関別借入金一覧表

	借入銀行	資金用途	当初借入	現在残高	金 利	借入日	借入期日
1	○○信金	店舗出店	10,000	833	2.50%	H23.4.5	H23.3.31
2	○○信金	設備資金	40,000	38,000	2.30%	H20.6.30	H25.6.30
3	○○信金	運転資金	10,000	7,000	2.20%	H20.6.30	H26.6.30
4	××銀行	運転資金	80,000	60,000	3.85%	H21.7.30	H26.6.30
5	△△信用組合	運転資金	20,000	19,334	1.85%	H22.8.5	H27.7.5
	合 計		160,000	125,167			

7

今後1年間の月次資金繰り表

後半、資料編の3つ目は、**「今後1年間の月次資金繰り表」**の作成です。

銀行がリスケ要請を受けた際、最も危惧すること、それは「リスケを受けるのはいいが、本当にそれで社長の会社はやっていけるのか?」という心配です。

銀行員からすれば、リスケ稟議書を起案し、本部決裁を取っても、数カ月の内に会社の資金繰りが破綻すれば、責任問題です。つまり、月次資金繰り表は**「銀行さえリスケに応じていただければ、当社の事業継続は問題ありません」**という証明書の役割を果たします。

そんな大事な証明書である資金繰り表ですが、業種や規模の大小、会社の特性等の個別の要因がありますので、以下に全社に共通する作成上のポイントを2点あげます。

①リスケ承諾がなければ、数カ月後資金繰りがショートすることがはっきりとわかること。逆に言えば、リスケによって資金繰りは安定すること

②１年のリスケ期間で少なくとも月商の50％以上の資金を手元に確保できるようになること

そんな資金繰り表を銀行に提示した場合、銀行サイドからよく質問を受けるのは、「リスケによって、資金繰りがこれだけ楽になるのだから、１年と言わず早々に元金返済を再開できないか」ということです。

なるほど一理あるのですが、**その誘いに乗ってはいけません。**社長の事業継続の大事な視点が抜け落ちています。

社長は、リスケを銀行に承諾していただくことによって、その期間中はほぼ間違いなく、さらにはリスケを卒業しても、その後1年程度は銀行からの資金調達が困難になるからです。

そうなれば今後は、社長の手元資金だけが頼りです。「落ち着いたら銀行が助けてくれるかも」などという甘い考えを持ってはいけません。リスケを依頼するまでは、何かと銀行のおかげて窮地を乗り切ったことのある社長でも、リスケ依頼後は、自分の力だけが頼りです。頭を切り替えましょう。

社長は今後、1～2年間は銀行からの借入に頼らず、まったくの自力で資金繰りを回さなければなりません。資金繰りを銀行に頼らず、手元資金だけで回すには、業種業態にもよりますが、通常は月商の1～2カ月分の手元資金は必要と言われています。リスケを依頼した

（千円）

	平成23年9月	平成23年10月	平成23年11月	平成23年12月	平成24年1月	平成24年2月	平成24年3月	12カ月計
	4,274	4,797	5,320	5,843	4,616	6,539	7,062	-
	15,000	15,000	15,000	15,000	17,000	15,500	16,000	182,500
	0	0	0	0	0	0	0	0
	0	0	0	0	0	0	0	0
	200	200	200	200	200	200	200	2,400
	15,200	15,200	15,200	15,200	17,200	15,700	16,200	184,900
	5,000	5,000	5,000	6,500	5,200	5,500	5,000	61,700
	5,000	5,000	5,000	5,250	5,000	5,000	5,000	60,250
	3,550	3,550	3,550	3,550	3,550	3,550	3,550	42,600
	307	307	307	307	307	307	307	3,684
	800	800	800	800	1,200	800	800	9,700
	20	20	20	20	20	20	20	240
								500
	14,677	14,677	14,677	16,427	15,277	15,177	14,677	178,674
	523	523	523	-1,227	1,923	523	1,523	6,226
	4,797	5,320	5,843	4,616	6,539	7,062	8,585	-
								0
								0
	0	0	0	0	0	0	0	0
								0
	4,797	5,320	5,843	4,616	6,539	7,062	8,585	-

月商の50%以上の資金を確保したい

※資料編においては、12月決算の会社が4月よりリスケをスタートさせるモデルとしている

保証協会保証料等リスケにかかるコスト

月次資金繰り表

		（実績）	（見込み）				
		平成23年3月	平成23年4月	平成23年5月	平成23年6月	平成23年7月	平成23年8月
前月繰越残高（A）		4,500	2,359	2,382	2,905	3,428	4,451
収 入	売上収入（現金）	15,000	15,000	15,000	15,000	15,000	14,000
	取立手形落込	0	0	0	0	0	0
	手形割引	0	0	0	0	0	0
	その他	200	200	200	200	200	200
	計（B）	15,200	15,200	15,200	15,200	15,200	14,200
	仕 入	5,000	5,000	5,000	5,000	4,500	5,000
	人件費	5,000	5,000	5,000	5,000	5,000	5,000
	経 費	3,550	3,550	3,550	3,550	3,550	3,550
	支払利息割引料	307	307	307	307	307	307
	支払手形決済	800	800	800	800	800	500
	税 金	20	20	20	20	20	20
	その他		500				
	計（C）	14,677	15,177	14,677	14,677	14,177	14,377
経常収支（B）-（C）		523	23	523	523	1,023	-177
差 引 過 不 足 （A）+（B）-（C）＝（D）		5,023	2,382	2,905	3,428	4,451	4,274
財務収支	借入金（E）						
	預積金払出（F）						
	借入金返済（G）	2,664	0	0	0	0	0
	預積金預入（H）						
翌月繰越残高 （D）+（E）+（F）-（G）-（H）		2,359	2,382	2,905	3,428	4,451	4,274

元金返済がゼロになり、
資金繰りが少しずつ楽になる期間

借入返済をゼロとする

手前、そこまでの手元資金確保を銀行に主張するのは難しいですが、**少なくとも1年後のリスケ終了時、月商の50％以上は手元資金として確保したいところです。**

それでも銀行担当者が早期の返済再開を要求した場合、次のように堂々と説明しましょう。

「リスケをお願いしたので、当面、御行からの運転資金調達は、難しいと承知しています」

「今後、融資に頼らず運転資金を回していくため、リスケ期間中に手元資金を最低限確保しなければなりません」

「通常、手元資金は月商の1～2カ月分必要と言われていますが、この資金繰りでは月商の50％程度で、決してラクな状況ではありません」

「経営改善が軌道に乗るまで、少なくとも1年間は、元金返済を猶予ください」

銀行担当者はリスケ中、またはリスケ卒業後すぐに、運転資金融資をつけることが無理なことは、当然承知しています。新規に貸付ができない状況で、過剰な元金返済を行なえば、社長の事業継続が困難になり、ひいては銀行としても回収に支障が出ることが想定されます。丁寧に、そして堂々と説明すれば、必ず理解を得ることができるでしょう。

8 今後5年間の中期経営計画書

経営改善計画書作成も、いよいよ最終項に入りました。最後に必要な資料は、**「今後5カ年の中期経営計画・予想損益計算書」**の作成です。

以前、私のクライアントの社長から3年間の予想損益計算書がついた、経営改善計画書を見たことがあります。しかしこれでは不完全です。なぜなら金融庁が金融検査に入る際、**必ず融資取引先の5年間予想損益計算書をチェックする**からです。

先ほど「銀行員にラクをさせる経営改善計画書」と謳ったように、本書の経営改善計画書は**「銀行員にラクをしてもらう」**ためのものでもあります。銀行員にラクをしてもらい、その結果社長の味方として気持ちよくリスケ稟議を作成していただくようにしましょう。

それでは、具体的に5カ年の損益計算書作りに入ります。

既に基本方針で今期の売上額、粗利益率、リストラ計画で販管費と製造原価の計画は作成済みですから、ひな形に数字を入れていけば、おのずと利益額は確定していきます。何も難しいことはありません。

しかし、今後の売上計画には慎重な姿勢が必要です。なぜなら銀行は、一度とはいえ、リスケを決断しなければならなくなった企業に対し、簡単に業績が回復するとは絶対に思っていないからです。

にもかかわらず、（あくまで私の経験ですが）予想損益計算書を作成する場合、多くの社長が「業績は1年で回復する」「2～3年後に売上は過去以上に水準に戻る」という楽観的な見通しを持っています。

そんな社長の見通しが必ずしも外れるとは思いませんが、達成できる確率が決して高いとも思えません。ですから、経営改善計画書は保守的に作成することが無難です。

経営改善計画書は、目標を書くわけではありません。銀行に約束する計画なのです。

5カ年の予想損益計算書作成のキモ

前項で今期の「5カ年予想損益計算書」の1年目計画数字は作成できました。それでは、2年目以降や来期からの売上は、どのように予測すればよいのでしょうか？

具体的な売上の増加減少要因があれば別ですが、そうでない場合、**2年目以降の計画は、ほぼ同じ数字の横並びでもOK**です。

私の経験でも、2年目以降5年先の計画について、銀行から突っ込んだ質問をされたことはほとんどありません。理由は簡単です。社長も銀行員も私も含めて、5年も先のことがわかるわけがないからです。売上計画のイメージができ、リストラ計画も明確、2年目以降は同じ数字がほぼスライドするとなれば、5カ年の予想損益計算書の作成は難しくありません。

しかし、絶対に外せない項目があります。**「社長が今後何年間で、借入金を完済できる見通しを持っているか」**を、5カ年予想損益計算書の計画数字で示すことです。銀行からすれば、リスケに応じるのはいいものの、いつまでもリスケを続けるわけにはいかないからです。

しかし、本章5項、銀行への依頼内容の中で、「ポイントとしては、リスケ期間終了後の元金返済額について、明確な約束はしないことです」と言ったことと矛盾するじゃないか、と社長は思われるでしょう。

実はまったく矛盾しません。「銀行への依頼内容では、1年後の元金返済額を約束しない」と確かに述べました。

しかし本項では、「借入金完済を見通せる、5カ年損益計算書を作りましょう」ということです。当方から具体的に約束するのではなく、銀行員が資料を見ることで、「この計画な

●平成24年12月計画以降は、特段の要因がない限り、
毎年同程度の数字をスライドでもOK

（千円）

平成24年12月計画		平成25年12月計画		平成26年12月計画		平成27年12月計画	
計画	構成比	計画	構成比	計画	構成比	計画	構成比
190,000	100.00%	190,000	100.00%	200,000	100.00%	200,000	100.00%
127,000	66.84%	127,000	66.84%	132,000	66.00%	132,000	66.00%
63,000	33.16%	63,000	33.16%	68,000	34.00%	68,000	34.00%
50,000	26.32%	50,000	26.32%	52,000	26.00%	52,000	26.00%
2,100	1.11%	2,000	1.05%	1,900	0.95%	1,800	0.90%
13,000	6.84%	13,000	6.84%	16,000	8.00%	16,000	8.00%
1,000	0.53%	1,000	0.53%	1,000	0.50%	1,000	0.50%
2,900	1.53%	2,600	1.37%	2,550	1.28%	2,420	1.21%
2,840	1.49%	2,520	1.33%	2,500	1.25%	2,380	1.19%
11,100	5.84%	11,400	6.00%	14,450	7.23%	14,580	7.29%
0	0.00%	0	0.00%	0	0.00%	0	0.00%
0	0.00%	0	0.00%	0	0.00%	0	0.00%
4,440	2.34%	4,560	2.40%	5,780	2.89%	5,832	2.92%
6,660	3.51%	6,840	3.60%	8,670	4.34%	8,748	4.37%
8,760	4.61%	8,840	4.65%	10,570	5.29%	10,548	5.27%
90,000		85,000		80,000		73,000	
10.2 年		9.6 年		7.5 年		6.9 年	

※リスケによって
立て直しが始まった決算

※社長所有遊休地売却
3,000万円、返済充当

※平成24年4月から返済を再開し、
500万円程度返済が進んだ

●この2〜3期のキャッシュフローで、できれば10年。長くても15年で
銀行借入を完済できる程度の数字を目指す

※資料編においては、12月決算の会社が4月よりリスケをスタートさせるモデルとしている

決算書の
実績を記入

「3期比較製造原価報告書及び改善計画」によって計画した数字を入れる(P.159参照)

中期経営計画書(5カ年計画)

		平成22年12月実績		平成23年12月計画	
		実績	構成比	計画	構成比
1	売　上	200,000	100.00%	180,000	100.00%
2	売上原価(製造原価)	133,200	66.60%	125,400	69.67%
3	売上総利益[1-2]	66,800	33.40%	54,600	30.33%
4	販売管理費	61,600	30.80%	48,400	26.89%
5	(内減価償却費)	2,300	1.15%	2,200	1.22%
6	営業利益[3-4]	5,200	2.60%	6,200	3.44%
7	営業外収益	1,000	0.50%	1,000	0.56%
8	営業外費用	3,800	1.90%	3,800	2.11%
9	(内支払利息)	3,700	1.85%	3,700	2.06%
10	経常利益[6+7-8]	2,400	1.20%	3,400	1.89%
11	特別利益	0	0.00%	0	0.00%
12	特別損失	0	0.00%	0	0.00%
13	税金[(10+11-12)×0.4]	500	0.25%	1,360	0.76%
14	当期純利益[10+11-12-13]	1,900	0.95%	2,040	1.13%
15	キャッシュフロー[5+14]	4,200	2.10%	4,240	2.36%
16	有利子負債(銀行借入)額	133,159		125,167	
17	有利子負債返済年数[16÷15]	31.7 年		29.5 年	

※リスケ前の決算

※リスケに入った年の決算

※計画上、税金は40%とする

※4月からリスケに入るので、1～3月分の返済で有利子負債が減っている

「3期比較販管費及び改善計画」によって計画した数字を入れる(P.158参照)

ら○年程度で全額返済が可能」と思えるようにすることです。

銀行は、経営改善によって**将来の貸出金返済原資となる「当期利益＋減価償却費」**のキャ**ッシュフローが、いくら程度になるか**に着目します。

できるだけ早く完済したいのは、社長もやまやまでしょう。しかし、これはあくまで計画です。しかも保守的な計画が望ましいことは、何度も説明しました。

結論としては、5カ年の予想損益計算書の2～3年目以降のキャッシュフロー予測金額で、**10年以内で完済できるペースが見通せるのであればOK**です。無理をして、3年や5年で全てを返済するというキャッシュフロー計画は必要ありません。

これは、「中小企業再生支援協議会」という公的な中小企業を支援する団体が提示している「事業再生」の基準にある、**「有利子負債の対キャッシュフロー比率が、計画期間終了時点において、概ね10倍以内」**という考え方に一致します。

「計画期間終了時点において」という但し書きが微妙ですが、ざっくり言えば、「今後10年、長くても15年で全借入を返済できる可能性がある」とやや拡大解釈することも可能です。

社長はリスケから、今後1年間で無事卒業したいと思っています。長くても2～3年以内には、以前程ではなくても、きっちり銀行に元金返済ができるように経営改善しなければなりません。

そこから10年で全借入金を返済できる会社に立て直すのです。やや拡大解釈すれば、リスケを検討し出してから、長くても15年間です。それだけの時間をかけて、全借入金を返済できる具体的な経営改善計画書であれば、銀行にとって受け入れ可能な計画書になります。

COLUMN

社長が死ぬのはいつですか？

事業再生の現場で、財務リストラの話をする際、度々話題になるのが「保険金の解約」です。この話題になったときには、決まって次のような会話になります。

私「社長、過去の儲かっていた時代に掛けていた保険金が、1000万円も貯まっていますね」

社長「これは、わしに万一のことがあったときに借金に充てるものとして、コツコツ貯めてきたものや」

私「そもそも保険金は、節税対策として掛けてきたものですから、現在のように赤字で資金繰りに窮する状況では意味ないでしょう」

社長「それはそうやけど、わしが死んだときには、この保険金で借金の半分は返せるからな」

私「社長が死ぬのはいつですか？」

社長「……？」

私「今解約すれば、確実に1000万円という資金ができて、資金繰りがかなりラクになりますよ」

社長「でも、子供に借金を残すことは死んでもいやや」

私「社長に今、万一のことがあれば、借金云々よりまず会社は再生できないでしょう。今、会社が生き抜かなければならないのに、社長が死んだ後のことを考えるのはナンセンスです」

社長「でも、子供に借金は残したくないから……」

私「社長に万一のことがあれば、私から子供さんには相続放棄するようアドバイスさせていただきます」

社長「ほんまや。死んだ後のことを考えてるときやないわな」

何やらかけ合い漫才のような話ですが、私の実体験です。リスケを検討せざるを得ない社長の多くは、なかなか過去の成功体験時代の財産を処分しようとはしません。

しかし、何度でも申し上げますが、リスケを検討せざるを得ないということは、会社存亡の危機です。過去の成功体験は忘れ、現実を直視しましょう。

危機を迎えつつあるとき、平時の考え方を捨てること。これが社長の事業再生を成功させるための前提条件です。

6章

正しく勝ち取るリスケ交渉の作法

経営改善計画書が完成したら、次は経営改善計画書を持参し、各取引銀行と交渉しなければなりません。

本章では銀行交渉を行なうにあたって、気をつけなければならない作法について説明します。

しかし、作法に則って、いざ銀行を訪問しても、経営改善計画書の中身に異論を挟まれることがあります。

銀行員としては当然の質問かもしれませんが、特に取引金融機関が複数にわたる場合、各行の異論に安易に妥協すると、リスケ全般に悪影響が出ることがあります。

そのため、本章後半では、銀行から受ける可能性の高い質問に対する交渉ノウハウもあわせて提示します。

いわばリスケを確実に成功させる、交渉実践編です。

作法1

アポイントの取り方は作法の基本

リスケ交渉がいよいよ始まります。しかし、**作法を間違うと無用な時間と労力ばかりがかかり、なかなか結論に至りません。**まずは基本でもあり、意外に気づかない重要なポイント、**「交渉の入り口を誰にするか」**から説明していきましょう。

結論から言います。リスケ申し入れ時のアポイントは、銀行担当者を通じ、必ず**「融資担当の上席（次長・支店長代理・課長など）の方ご同席でお願いします」**と告げるべきです。

社長が既に支店長と面識があるのであれば、「できれば支店長もご一緒にお願いします」とあわせて申し入れましょう。

「嫌な話を支店長や上席にするのは、気が引ける」と考えるのは間違いです。仮に普段付き合っている営業担当者に対してリスケを申し入れた際、彼らはどのような行動を取るでしょうか？　彼の頭の中は、「上席にどのように報告しよう」「稟議書をどう書こう」ということで頭が一杯になります。それどころか、「モニタリングの報告はどこまでしていただろうか」

など自分の行内での保全問題が、半分を超えてしまう状況になりかねません。

担当者の場合は比較的若く、経験も不足気味なので仕方ないのですが、「なぜこうなったのか」「なぜ今申し出たのか」「あの資料をください」「他行はどうなっていますか」と質問のオンパレードになりかねません。

しかも、彼の頭の整理がついてから上席に報告されるとなると、資金繰りに窮して、1日でも早くリスケを実現したい社長の気持ちとは裏腹に、時間ばかりが経過していきます。


逆に上席や支店長と同席していただいて、リスケの申し入れをした場合はどうでしょうか？　上席や支店長は、結論を即断することはありませんが、少なくとも担当者に**リスケ稟議の取り扱いの方向性を指示**します。つまり、リスケの具体的な検討に着手することになります。担当者に申し出るより、大幅な時間短縮です。

そこで「担当者さんは非常によくしてくれています」「あまりよくない話なので、上席や支店長にもご同席いただくようお願いしました」と添えておけば、担当者の顔も潰れません。担当者からすれば面目は保てますし、上席から具体的な指示をもらえて仕事は間違いなく順調に進みます。交渉の入り口を間違えないことは、リスケ交渉の作法を守る第一歩です。

作法2
複数の銀行とリスケ交渉を成功させる作法

交渉の入り口が明確になった社長。次は複数の取引銀行がある場合の作法です。複数の銀行に対して、同時にリスケを勝ち取るには、銀行業界独特の慣習、事業再生における銀行交渉の基本を、しっかりと押さえることが必要です。

5章でもお伝えした通り、キーワードは、「**衡平・公正・透明性**」です。

私がクライアントの社長と銀行を訪れる際に、「私はアドバイザーとして、社長にはくれぐれも各銀行に対する衡平・公正・透明性を守るようお願いしております」と伝えると、ほとんどの銀行担当者は安堵の顔に変わります。この3つのキーワードを最初に押さえることで、銀行は交渉テーブルを初めて用意してくれるのです。

具体的には、**どんなに多くの取引銀行があっても、各銀行がリスケの申し入れを受ける日を同じ日にする**ことです。私の経験では、最高1日に7つの金融機関へ、社長と同行してリスケを申し入れたこともありました。中小零細企業で、8行以上の金融機関と融資取引を行なっていることはごく稀です。スケジュールをしっかりと組めば、多くの中小零細企業は1日でリスケ申し入れを完了できるはずです。

もし、何らかの都合で、銀行間でリスケ申し入れを認識する日が違えば、認識の遅れた銀行は「衡平・公正・透明性がない」として、リスケの申し入れに消極的になる可能性があります。どうしてもアポイントの調整ができない場合でも、同日に電話でリスケの趣旨を伝えることだけでも行なうべきです。

銀行回りの順番にも作法がある

次に大切な作法が、リスケを申し入れる順番です。セオリーとしては、1日の間に**融資残高が多い銀行から回るべき**です。

銀行界の慣習に「メインバンク」という考え方があります。簡単に言えば「融資額の最も多いメインバンクは、取引先企業を守る責任がある」という考え方です。金融の自由化が進み、平成の世になってからは、ほとんど意味をなさなくなりつつある考え方ですが、銀行員の根底にはまだまだ残っています。

言い換えれば、「融資額の最も多い銀行がこの企業の存続を支援するのならば、早々破綻することもないだろう。よって、当行が支援しても問題ないだろう」という思考法です。判断を他人になすりつけているような気もしますが、これがなかなか真理をついています。

この真理を逆手に取り、融資額の最も多い銀行から先にリスケを申し入れるのです。申し入れられた銀行はその場では結論を出しませんが、2番目以降に申し入れる銀行に対して、**「メインである○○銀行には、朝一番にリスケを申し入れ、本日中に全銀行に同様のお願いする旨を伝えました」**と説明できます。

あとはこの繰り返しです。途中、必ずと言っていいほど聞かれるでしょう。「メインバンクさんはどのように仰っていましたか」と。社長の模範解答として、このように答えればよいでしょう。

「本部に稟議を上げないとわからないと言われましたが、お話はしっかり聞いていただけました」

何一つ、嘘も隠しもない返答です。しかも、「衡平・公正・透明性」を守るべく、1日で全取引金融機関を回るわけですから、作法としてはまったく問題ありません。銀行交渉の入り口で、作法をわきまえた行動を取ることで、社長は「信頼に足る人物」としての評価を受けることができるでしょう。

作法3

銀行員に稟議書を書く時間を与えよう

アポイントの取り方と、1日で銀行回りを終わらせるという作法を説明しましたが、次は**どのタイミングで銀行にリスケを申し入れるか**という問題です。

なぜ、リスケを申し入れるタイミングが問題点になるかというと、銀行がリスケを了承するためには、銀行担当者が稟議書を作成し、本部の決裁を取らなければならないからです。

銀行の稟議書システムについては、スムーズに進んでも決裁には2週間はかかると準備編でも説明しました。しかし、それはあくまでスムーズに進んでのことです。スムーズに進まないと、さらに1週間はかかると思ってよいでしょう。

ただでさえ、慣れないリスケ交渉です。社長とすれば、スムーズにリスケを受け入れていただき、あとは本業の業績回復に努めたいところです。

スムーズにリスケ交渉を進めるコツ。それは**銀行担当者に、稟議書をしっかり書いていただいた**

だく時間を作ることです。そのためには、銀行の内部事情・繁忙期を理解してあげましょう。

通常、どのような仕事でも、資金のやりとりはいわゆる**五十日《ごとうび》や月末**です。お金を商品として扱う銀行にとって、どうしても忙しくなる日です。

特に月末は非常に重要です。先に説明した、融資先の月末延滞の管理だけでなく、全ての数字の締めが月末になっているからです。

ですから、どの銀行でも25日頃から月末は、作業量が増加します。そんなタイミングで、社長がリスケを申し入れた場合、銀行員からすれば「何もこの忙しいタイミングでなくても……」と思わせてしまいます。

担当者の気分は悪くなりがちである上、他に大型案件を抱えているなどの理由で、社長のリスケが銀行にとって優先順位が低ければ、当然稟議書の作成が遅れがちになります。結果、リスケの承認には、想定以上に時間がかかってしまいます。

稟議書を作成するのに時間はかかる、本部の決裁はなかなか下りない、「リスケは大丈夫だろうか」と社長の不安な日々は長引く……何もいいことはありません。

理想的なリスケ申し入れのタイミングは、次の3つ全てをクリアできるタイミングです。

①稟議書作成時間から考えて、約定返済日より2週間前には申し出ること

②月末繁忙期は避けること

③月末を越えた延滞は起こさないこと

これら3つをクリアできれば、リスケ申し入れ段階の作法として100点満点です。このタイミングであれば、銀行担当者も腰を据えて稟議書の作成に臨めます。

たとえば社長の約定返済日が月末の場合、その月の15日頃にリスケ申し入れを行なえば、銀行員として、非常に対応しやすいタイミングとなります。

とはいえ、中小零細企業のリスケの現場では決してスケジュール通りにはいきません。私もクライアントのさまざまな事情で、「約定日2週間前」というセオリーを守れなかったことが多々あります。

それでは、3つ全てを守ることができない場合、どのように対処すべきでしょうか？　そのときは、優先順位を考えましょう。

③は必須条件です。何の通知や連絡もせず、月末延滞が発生してからリスケを申し入れてはいけません。その場合、銀行としてはリスケを検討するよりも、延滞先で何の連絡もない

誠意のない社長として、融資全額回収を検討するという選択肢を持つことになりかねません。

単純に「月末を超えなければいいのか」というと、そういうわけにもいきません。前述した通り、銀行は25日から月末までが繁忙期です。銀行担当者は稟議書作りの時間をなかなか作れません。この間のリスケ申し入れも、できる限り避けたいところです。

目指すべくは、**約定2週間前にリスケ交渉開始**です。しかし、最悪でも月末延滞発生前、当月25日までにはリスケ交渉を始めましょう。

社長が銀行担当者の立場や事情に配慮していることが伝われば、担当者も社長の事情を理解しようと努めるものです。

作法4

「リスケ期間は1年にしてください」

私がリスケ計画を立てる場合、よほどの事情がない限り、期間は1年間をお勧めしています。理由としては、**1年程度の期間がないと改善計画の具体的成果が上がらない**からです。

しかし銀行は、債権者としてリスケ期間は短ければ短いほどよいと考えています。経営改善計画書に「期間1年のリスケを依頼します」と明記し、社長が1年間という期間を主張しても、リスケ期間は6カ月、下手をすれば3カ月程度に短縮することを、銀行員は提案する可能性があります。

仮にリスケ期間を6カ月とした場合、社長はどのような状態になるでしょうか? 銀行にリスケを受け入れてもらった場合でも、申し入れから交渉・事務手続き期間として、概ね1カ月は必要です。

リスケに6カ月という期日を切られた場合、遅くとも期日の1カ月前には、次の経営改善計画書を提出し、元金返済額について協議しなければなりません。

新たな経営改善計画書作成にも、2～3週間から1カ月の時間がかかると想定されます。となれば、社長が経営改善に注力できる期間は実質3カ月程度しかない、という事態になりかねません。資金繰りに窮してリスケを申し入れた社長です。実働3カ月程度で、事業を本当に立て直すことが可能でしょうか？　私の経験からすれば、6カ月のリスケ期間はあまりにも短か過ぎます。


逆に、銀行がリスケを受け入れることのできる最長期間は1年です。

それならば、銀行が受け入れ可能、かつ社長が事業を立て直すのに必要な期間、つまり1年間のリスケをお願いすることが、極めて合理的です。

もし銀行から「リスケはいいのですが、何とか期間を6カ月にしてもらえませんか」と問われた際、このように答えましょう。

リスケ交渉成功トーク

「弊社は徹底したリストラを実施します」

「私も含め社員の意識を徹底するには2～3カ月かかるでしょう」

「そうなれば成果が見え出すのに6カ月はかかると想定されます」

「ですから成果が具体化するには1年は必要です」

「さらにリスケをお願いする以上、今までのように、運転資金を御行の融資に頼るわけにはいきません」

「最低限の運転資金をプールする意味でも、1年間はリスケ期間が必要です」


このような説明であれば、1年間という期間の意味については理解してもらえるはずです。

ただし、銀行によって、またビジネスローン等の融資形態によって、リスケ稟議は最長6カ月しか認めない、という事例も一部見受けられます。

その場合でも、「あくまで依頼は1年」「御行の事情により今回は6カ月ということは了承しますが、あくまで依頼は1年ということで、本部に承認を取っていただきたい」と主張しましょう。

期間1年想定のリスケという形で、稟議を上げてもらえれば、**6カ月後の再稟議は比較的スムーズに承認されるから**です。

作法5

「金利は現在水準を維持してください」

次は銀行から、**金利引き上げを求められた場合**の対応です。「リスケはすんなり受け入れてもらえたものの、金利は以前より2～3%もアップを要求された」という事例があります。融資金利は金融市場の変化や、取引の都度に多少の変動があるものですが、数%もの大幅な金利上昇は異常です。明確な資料はありませんが、私の経験上、特に大手メガバンクがリスケ時に金利上昇を主張することが多いようです。

社長は「リスケを申し出る以上、金利上昇は仕方がない」と考えるかもしれませんが、それは早計です。近年銀行は、融資金利の利ザヤ（融資金利と調達コストの差。この差が大きいほど利益が出る）が縮小しているため、機会があれば金利を上げたいと考えています。それが合理的に考えて、社長が納得できる小幅なものであるならともかく、納得できない、特に数%にもなる利上げには、当然抵抗すべきです。

今一度、金融の初歩に戻って考えてみましょう。なぜ社長は、銀行に金利を支払わなければならないのでしょうか？「それが銀行の儲けになるから」。確かにその通りです。

もう一つの意味として忘れてはならないのが、銀行にとってのリスクの問題です。つまり銀行は、リスケによって**「貸倒リスク＝不良債権となるリスク」が、今より大きくなるかどうかを考えて、金利水準を決定している**ということです。

貸倒リスクの算定方法は、個々の銀行が独自に決定していますが、基本は２章３項で説明した「債務者区分」によります。

銀行は、社長の会社の債務者区分を決定し、あとは市場金利などの個別要因を加味して金利を決定する、というのがほとんどの銀行が取る手法です。

しかし、保証協会付き融資の場合は論外です。銀行は保証協会付きである以上、限りなく貸倒リスクを取っていません。リスクがない以上、金利が上がるのは合理的でないからです。

問題は、銀行が独自の判断・資金で行なう**「プロパー融資」**の場合です。プロパー融資は、債務者区分によって金利が変動します。

逆に言えば、社長の債務者区分が下がらない限り、金利は上昇しないはずです。リスケによって、社長の債務者区分は、正常先以下に下がるのでしょうか？　答えは「ＮＯ」です。

既に社長は10年、長くても15年かけて、全ての銀行借入の返済を目指す経営改善計画書を作成しました。

社長が作成した「経営改善計画書」の実現可能性が認められれば、社長は必ず、堂々と正常先に格付けされます。

話が煩雑になるので「債務者区分」の説明の際には言及しませんでしたが、厳密に言えば、正常先も「債務履行の確実性が極めて高い」から「債務履行は問題ないが、業況や財務に不安な要素がある」などまで、細かく細分化されています。

ですから正常先も、リスケによって多少の金利上昇はあり得ます。しかし、それはあくまで小幅なものに限られます。金利は現行水準を維持してもらうよう、改めて主張しましょう。

既に2章3項「銀行がリスケを嫌がる本当の理由」で、「実現可能性の高い抜本的な経営再建計画があれば、不良債権扱いしなくていい」ということを説明しました。銀行から「リスケはともかく、金利が上がるかもしれません」と言われた場合は、こう切り返してください。

リスケ交渉成功トーク

「提出した経営改善計画書により、当社は正常先に格付けされると認識しています」

「正常先である以上、金利が上昇することは納得できません」

「それとも、特段の金融市場の変化があるのであれば、合理的な説明をお願いします」

作法6

「商手割引は健全に事業継続するので、従来通りお願いします」

銀行とのリスケ交渉で対象となる融資は、主に長期の借入金と短期の借入金で、商手割引はその中には含まれません。

それでは、リスケ期間の中で商手割引をどのように扱うことが適正でしょうか？　答えは明瞭です。**商手割引は従来通り取引銀行に継続してもらう**ことです。

そもそも商手割引は、通常の銀行融資とは資金使途が違います。銀行は融資を実行する際に、融資の資金が何に使われるのかを厳格にチェックしています。たとえば、

- 売上が増加したから、増加運転資金が必要
- 季節性仕入のため、短期の運転資金が必要
- 社員のボーナス等、短期の資金需要のための資金が必要
- 設備投資等、長期の資金が必要

所要運転資金の計算式

所要運転資金 ＝

売上債権（売掛金＋受取手形　※割引・裏書譲渡は除く）

＋

在庫・商品

－

仕入債務（買掛金＋支払い手形　※設備支払い手形は除く）

などです。しかし、商手割引の資金使途は、それらとは一線を画します。商手割引は**「事業が存続するため、最低限必要な所要運転資金」に充てられるもの**だからです。

企業は売上を上げるべく努力しているわけですが、その売上が現金として、手元に入ってくるには、数週間から数カ月が必要です。

数週間から、数カ月を埋める所要運転資金がなければ、どんな事業でも存続することはできません。事業が存続できなければ、リスケも何もありません。

私も経験上、「商手割引とはいえ新規の与信供与に当たるので、リスケ期間中は難しい」と主張されたことが、数例ですがありました。

ですから、銀行との交渉ポイントは、「従来通りの商手割引額の範囲での継続」を依頼することです。

従来通りの金額を超える場合は、銀行にとって新たな融資増額となるため、受け入れることは困難です。交渉時に商手割引の継続が問題となれば、次のように答えましょう。

リスケ交渉成功トーク

「所要運転資金確保のため、あくまで従来通りの金額の範囲で、商手割引は継続してください」

「商手割引は、所要運転資金を確保するためのものです。リスケをお願いする長期借入金の問題とは別と考えています」

作法7

「追加の担保や保証人はどちらの銀行様にもお断りします」

「リスケに応じる代わりに、担保か保証人を追加してくれませんか」と銀行が依頼してくることもよくある事例です。取引銀行が1行の場合、銀行の説明する担保不足に納得できるなら、社長にとって検討する余地はあります。しかし、取引銀行が複数にわたり、同時にリスケをお願いしている場合は、まったく対応が別です。

「あの銀行には、創業以来お世話になっているから仕方ないか」「この銀行は他行に比べて担保が少ないから」などと思ってはいけません。

結論から言えば、**これらの要求に応じることは、社長は追加の担保や保証人を依頼してこない他行に対し、大変な信義則違反を犯す**ことになります。

リスケを複数の銀行に依頼したその日以降、特定の銀行のみに担保や保証人を追加することはあってはなりません。リスケを申し入れた**「その日以降」というのがポイント**です。

「その日以降」特定の銀行にのみ有利になる行動は、衡平性がまったくなく、当然公正でもありません。しかも特定の銀行の抜けがけ行為ですから、透明性もまったくありません。

何より、このような行為が他行に知られた場合、他行はリスケ要請を断る方向に動くことが考えられます。繰り返しますが、リスケ成功のキーワードはあくまで「衡平・公正・透明性」です。

ただし、銀行との長いお付き合いもありますので、そのような依頼があった場合は丁寧に対応しましょう。

リスケ交渉成功トーク

「リスケジュールは、衡平・公正・透明性がなければいけないと聞いています」

「あわせて、全行一致でなければリスケの足並みが乱れ、リスケに応じていただけない銀行が出るという、万一の事態も想定されます」

「他の銀行様から同様のご依頼があっても、当方はお断りするようにします」

仮に他行から同様の追加担保や保証人の要求があっても、堂々と断るという覚悟を見せてください。それが交渉銀行にとっても非常に納得性の高い対応であり、責任ある社長の取るべき態度です。

COLUMN

「社長。それは作法がなってないわ」

私の場合、経営改善計画書は社長と二人三脚で作成します。二人でデータとにらめっこしながら、「このリストラ計画、本当に可能ですか」「将来見込みが楽観的過ぎませんか」「売上がこんなに伸びることを具体的に説明できますか」と、時には厳しいことも言わせていただきます。時間との勝負であるケースが多いので、こちらも真剣です。

やっと出来上がった経営改善計画書。銀行説明に回る際は、私も関係者として、ご一緒させてもらうことが多々あります。ここで気をつけなければいけないのは、本文でも繰り返しましたが、「今回は当社からのお願い事」ということを理解することです。

しかし、かつては銀行の支店長が、お中元や御歳暮を持って訪問してくれたことがある経験を持つ社長は、なかなかこの感覚を持つことができません。リスケ依頼にもかかわらず、支店長を呼びつける、ベンツのような高級乗用車で銀行に乗りつける、自分から頭を下げようとしない。そんな社長とも数多く出会いました。

そんな社長は、銀行との接し方について、過ぎしよき時代の思い出や、「堂々としていなければ、経営者としての力量が低いと思われる」というトラウマからどうしても抜けないのでしょう。しかし、そんな姿勢ではリスケ交渉は円満に進みません。

逆の話もあります。私のさるクライアントは、長年真面目に事業に取り組んできたことが、一目でわかるタイプです。いつも作業着姿で「仕事が命」というのが見て取れる方でした。ところが、有力取引先からの受注激減で、急激に資金繰りが悪化し、とうとうリスケやむなし、という状況となりました。

何度も経営改善計画書を練り直し、リスケを申し入れる日のことです。いつも作業着姿の社長が、ビシッとしたスーツ姿で現れました。社長曰く「ここ20年、冠婚葬祭以外でネクタイをしたことがない」とのこと。それでも、「今日は社員のためにも絶対うまいことやらんといかん」と、お人柄がスーツをすり抜けて、オーラと化していました。訪れた銀行の支店長も、「社長のスーツ姿、初めて見ました」と驚いた様子でした。

社長は支店長に「今日はあくまでお願い事で、支店長に無理言いますから……」と、私との打ち合わせ通りに切り出しました。支店長は資料を一瞥し、「資料を作るの、大変だったでしょう」「ちゃんとリスケさせていただくので、本業を頑張ってください」とあっさり話が進みました。支店長からすれば、元々真面目な社長とわかっていたものの、経営改善計画作成能力については懐疑的だったのでしょう。それが、コンサルがついていたとはいえ、「社長が真剣に、経営改善計画を作成した熱意」が伝わったのだと思います。リスケの作法の真髄を見たような社長の姿でした。

7章

リスケ交渉終了！ここからが本当の勝負の始まり

事前の準備、実現可能性の高い経営改善計画書の作成、作法に則った交渉、これら全てをクリアした社長は、無事リスケを勝ち取ることができるでしょう。

ここでホッと一息つきたいところですが、リスケは銀行との契約事項の変更です。変更契約を締結し直さなければ実務は完了しません。また、変更契約が完了しても、それで終わりではありません。

本書の前半部分でも述べたように、リスケは手段であって目的ではありません。目的は社長がいかに事業を立て直すか、ということに尽きます。

本章では、まずリスケ契約の注意点を整理し、同時に社長が始めなければならない事柄を説明します。

さらに、「リスケ期間中、経営改善が計画通りに進まなかった場合」の対処法についても説明します。

1 リスケ変更契約締結時の注意点

リスケが法的に成就するためには、銀行と社長が**「変更契約書」**を締結しなければなりません。変更契約書が締結されないと、以前の金銭消費貸借契約が有効ですから、約定返済ができない社長はいつまでたっても「期限の利益」を喪失した状態が続きます。

変更契約書には、月々の元金返済がゼロ（または融資1本につき1万円）であること、毎月の返済期日、そして1年後（または6カ月後）のリスケ期限が明記されています。

変更契約書に記名捺印することで、社長は「返済日まで返さなくてもいい」という期限の利益を取り返すことになります。

こうなれば、何も心配はいりません。約定通り、決められた日に決められた利息を支払うだけです。

変更契約書の約定を守っていれば、社長はリスケ申し入れ前に抱いた不安、3章で説明した「保証人に迷惑がかかるのでは……」「家財が差押えられたら……」「不動産が競売されたら……」といったことは、極めて特殊な出来事が発生しない限り起こりません。何ら銀行取引を不安に思う必要はないのです。社長は堂々、正常な取引先です。

変更契約締結時には、溜まった金利の清算が必要

変更契約書締結時に忘れてはいけないのが、**「利息の清算」**です。

リスケはあくまで、元本返済だけの調整です。銀行への支払い利息が含まれることはありません。リスケ交渉中に返済期日が到来した場合、最終的な条件等が未決着ですから、一旦利息は支払わない形を取ることが多いと思われます。

リスケ交渉期間にもよりますが、変更契約書の締結日には、支払いが遅れていた金利を、日割り計算して支払う必要があります。

ここで注意すべきは、清算金利の利率です。

銀行に何も要求しなければ、支払いが遅れている期間の金利は、遅延損害金の金利14～15%（銀行によって多少の違いがあります）が適用されます。

リスケ申し入れ時には**「金利の清算については約定金利を適用していただくようお願いします」**と必ず添えるようにしましょう。通常のリスケであれば、意外に了承していただける

ものです。

ただし、金利の清算額は思った以上に多額になることもあります。銀行担当者に概算金額を確認し、資金繰りに注意しながら対応するようにしましょう。

信用保証協会付融資の場合は別途保証料が必要

リスケ対象の融資が信用保証協会付き融資の場合、追加の保証料支払いが必要になります。保証協会の保証料は、保証内容や保証期間に応じて計算されますが、リスケによって保証内容が変更となるからです。

それでは、どの程度の金額が必要になるのでしょうか？ 実はこの保証料の計算。なかなか事前に金額を確認することができません。

全国信用保証協会連合会のホームページ（http://www.zenshinhoren.or.jp/）内の信用保証料のページには、次のように書かれています。

「信用保証協会では、信用保証をご利用になる中小企業者の方から利用の対価として信用保証料をいただいています。（略）

信用保証料の料率は、中小企業者の方の財務状況などを考慮し、**原則として9つの料率区分**から適用されます。**担保のご提供がある場合**や「**中小企業の会計に関する指針**」の**適用状況を確認できる場合等**には、**割引も行っています**」
※太字は筆者による

「原則」「9つの料率区分」「担保のあるなし」「会計に関する指針」等々、簡単には算出できそうもない事情が明記されています。

つまり、個別の事情や取引内容に合わせて計算しなければ、算出できないということです。借入金額にもよりますが、こちらも数十万~100万円単位という結構な金額になることが想定されます。

リスケ交渉が無事終了した際に、保証料が概ねどの程度の金額になるか、窓口となる銀行に問い合わせをしておきましょう。

こちらも変更契約書締結時には、利息と同時に一括して支払う必要があります。資金繰りに十分注意して、資金を用意しておきましょう。

2 リスケ契約終了後、本当の勝負が始まる

社長、お疲れ様でした。長々と本書にノウハウを書かせていただきましたが、これでリスケの変更契約が無事に終了するはずです。

私も、クライアントとともにリスケ交渉のお手伝いをする際に、変更契約書締結が完了すると、正直ホッとした気持ちになります。当事者である社長であれば、その気持ちはなおさら強いでしょう。

やっと勝ち取ったリスケですが、社長！　リスケは手段であって、決して目的ではありません。1年（または6カ月）という貴重な時間を勝ち取った社長は、銀行に約束した経営改善計画を実行し、事業の継続を図っていくことが本当の勝負になります。

ここからはリスケを勝ち取った社長が、リスケ期間中、絶対に実行すべき事柄を説明したいと思います。

①日繰り、月繰りの資金繰り表をしっかりとつける

既に準備編において、「日繰り表」の大切さは説明しましたが、日繰り表によって、日々の資金の動きを確認し、2～3カ月先の近い将来のキャッシュがどのようになるかが予想できます。さらに、小さな資金の動きを見ることで、今までは見過ごしていた日々の無駄が明らかになっていきます。

せっかくつけた日繰り表です。これを是非習慣にするようにしましょう。私の経験上、長期的な要因はともかく、中小零細企業が資金繰りに窮した直接的な原因は、その場しのぎの資金繰りを繰り返した結果であるからです。

2～3カ月先の日繰り表ができれば、次は月次資金繰り表です。経営改善計画に添付した月次資金繰り表の数値が、予定通りに進んでいるか。毎月のチェックを心がけてください。

②中期経営計画を月々の計画に落とし込み、予算管理を始める

経営改善計画書には、今期の予想損益計算書を添付しました。それは、あくまで銀行用の資料です。社長の経営管理用資料としては大雑把に過ぎます。

ほとんどの社長は、今まで独自の「勘ピューター」で、売上や利益を把握してきたと思います。しかし、世の中は右肩上がりの時代ではありません。そのような勘と経験だけに頼っ

た経営とは訣別するときが来ました。

今度は、今後1年間予想損益計算を、月次毎の損益計算書に落とし込みましょう。できる限り実態に即した月次計画です。

月々の予算は当然上下するはずです。どのようなビジネスでも、必ず季節要因があるからです。月によっては、大幅に利益が出ても、逆にまったく利益の出ない、赤字の月もあるはずです。そして毎月、必ず予算通りに進んだかをチェックしましょう。

ゲーム感覚で、予算達成月は白星、未達成月は黒星をつけるのもいいかもしれません。

③先月儲かったかどうか、翌月には把握する

予算管理を始めた社長。慣れない予算管理を行なうのは、なかなか手間がかかるものです。ここで味方にしたいのが、社長が決算をお願いしている顧問税理士の先生です。

私がお手伝いさせていただく社長のほとんどが、顧問税理士の先生を単に決算書作成のためだけにしか活用していません。会計税務の専門家に、毎月の顧問料と決算料を支払っているのに、あまりにももったいない話です。

税理士事務所も、最近は過当競争が激しさを増しているということもあり、さまざまなサービスを提供しています。月次試算表を作成するだけでなく、毎月試算表を分析したレポー

（千円）

	平成23年3月			平成23年4月			平成23年5月			平成23年6月		
	予算	実績	差異	予算	実績	差異	予算	実績	差異	予算	実績	差異

（千円）

	平成23年9月			平成23年10月			平成23年11月			平成23年12月		
	予算	実績	差異	予算	実績	差異	予算	実績	差異	予算	実績	差異

平成23年度　月次予算管理表

		平成23年1月			平成23年2月		
		予算	実績	差異	予算	実績	差異
1	売　上	50,000	52,000	2,000			
2	売上原価(製造原価)	35,000	36,000	1,000			
3	売上総利益[1-2]	15,000	16,000	1,000			
4	販売費及び一般管理費	10,000	9,800	-200			
5	(内減価償却費)	2,000	2,000	0			
6	営業利益[3-4]	5,000	6,200	1,200			
7	営業外収益	1,000	980	-20			
8	営業外費用	1,500	1,520	20			
9	経常利益[6+7-8]	4,500	5,660	1,160			
10	キャッシュフロー[5+9]	6,500	7,660	1,160			

		平成23年7月			平成23年8月		
		予算	実績	差異	予算	実績	差異
1	売　上						
2	売上原価(製造原価)						
3	売上総利益[1-2]						
4	販売費及び一般管理費						
5	(内減価償却費)						
6	営業利益[3-4]						
7	営業外収益						
8	営業外費用						
9	経常利益[6+7-8]						
10	キャッシュフロー[5+9]						

※特別損益は本業以外の収益なので、予算管理には含めない
※税金については、毎月の予算管理にはなじまないので削除している

トを提出してくれる先生もよく見かけます。

多くの税理士の先生は、そのような資料を経営に生かしてほしい、と願っているものです。私がクライアントの社長と、経営改善計画書を作成させていただく際には、非常に参考になる資料なのですが、ほとんどの社長は活用されていないようです。

これからは、月次試算表を翌月20日までに、税理士の先生に作成していただくようにしましょう。先月利益が出たかどうか？　月次の予算を本当に達成できたかどうか？　が明確になります。結果が明確になれば、経営のどの部分を修正していけばよいかという課題も明確になります。まずは税理士の先生に相談です。

税理士の先生への相談トーク

「実は銀行にリスケをお願いしました」

「ついては今後、月次の予算管理を始めたいと思います」

「そのためには、月次試算表を毎月確認して、予算の達成状況を確認する必要があります」

「月々の試算表は、翌月の20日までに作成できるようお願いします」

「先生が思いつく弊社の経営課題について、積極的に意見をいただけませんか？」

社長がそのようなお願いをして、断ってくるような税理士の先生は、まずいないでしょう。おそらく、税理士の先生からは「社長の意向に沿いますので、伝票の仕訳は今後いつまでに、こうしてください」という試算表作りの準備についてのオーダーがあります。試算表をきっちりと作成するには、基本資料が揃わないと不可能だからです。

ここでの注意点は、税理士の先生に１００％完璧な試算表作りを要求しないことです。１００％の試算表を作ろうとすると、翌月20日までに作成することは困難です。何より時間が優先ですので、精度は95％程度でよいのです。月々の試算表は、社長が月々の予算達成状況を確認し、その時々の経営判断を間違えないために作るものであって、税務署に提出するためのものではないからです。

はじめは社長にとって慣れない作業かもしれませんが、慣れれば思うほど難しいものではありません。逆に、社長が今まで気づかなかった、経営の問題点が見えてくるはずです。そしてわからないことがあれば、どんどん税理士の先生に質問しましょう。多くの税理士の先生方は、社長のそんな姿勢を待っているものです。

④リスケ後の銀行とのコミュニケーション

リスケが無事実行されると、銀行は経営改善計画の実行が伴っているかどうか、モニタリングを行ないます。モニタリングというと、何やら難しいですが、要は「毎月の試算表と資金繰り表を提出してください」という依頼がある、ということです。

毎月の試算表や資金繰り表を、まったく要求しない銀行も散見しますが、それはイレギュラーな対応です。毎月のことですから、社長にとっては「監視されている」という、嫌な気分になるかもしれません。

昨今中小零細企業の業況低迷で、リスケ案件は増加の一途ですから、銀行本部はリスケ先のモニタリングを強化するよう、支店に指示を出しています。本部の指示で、支店の担当者が動くわけですから、止めようもないことです。

であれば逆手に取って、支店の担当者を社長の味方にしていきましょう。毎月顔を会わせれば、それなりに人間関係も構築され、何かにつけて話がしやすい関係になります。

今は経営改善計画の、実行状況把握のためのコミュニケーションかもしれません。しかし、近い将来、社長の事業が無事に落ちついた際に、改めて融資を実行してもらえる関係を作ることでもあるのです。

銀行員は、企業経営を知らないということは説明しました。このコミュニケーション機会を利用して、社長の事業の強みや特徴、資金の流れ、商品の特性、将来の目標等を、毎月のように伝えるのです。社長が無事にリスケ状況から卒業した際には、このときのコミュニケーションが大きな武器になります。

・銀行担当者と社長は、毎月顔を会わせ互いに話が通じる仲になる
・銀行担当者は、社長の事業の特性を理解する
・さらに、社長の商品の強みも理解する
・年間を通じての季節要因がわかり、運転資金需要の必要性も理解する

そんな関係が構築できれば、リスケジュールの延長や、リスケ卒業後の新規融資申し込みが、非常にスムーズになるはずです。

⑤将来に備えて金融機関を開拓しよう

社長のリスケ稟議を一所懸命書いてくれた銀行員には少々申し訳ない気もしますが、社長のリスケ後の将来展望のために、新たな金融機関取引を開始することをお勧めします。

特に社長の取引銀行が、メガバンクや大手地銀だけという場合は、信用金庫や信用組合との取引を開始すべきです。理由は簡単です。2章でも述べた通り、メガバンクや大手地銀に

とって、中小零細企業は重きを置かれない存在だからです。

メガバンクや大手地銀にとって、大事な取引先とは、概ね融資残高10億円以上の企業と思って間違いないでしょう。融資が10億円どころか2～3億円にも満たない中小零細企業は、「その他大勢」の取引先に過ぎません。つまり、中小零細企業の社長は重視されていないということです。無事にリスケ卒業となっても、大手銀行は新規融資に慎重姿勢を取ることが想定されます。

しかし、信用金庫や信用組合の場合は、取引先企業のほとんどが中小零細企業です。中小零細企業一社一社の重みが、メガバンクや大手地銀とはまったく違います。取引先に問題があると、信用金庫や信用組合にとっても一大事ですから、何かと再生に向けて協力してくれるものです。

それでは、新規に信用金庫や信用組合と取引する場合、どうすればうまくいくでしょうか？

実は、社長はリスケによって、新規銀行取引の大きな武器を手に入れています。4章の準備4で、売上入金口座を借入のない信用金庫か信用組合に変更したはずです。その売上入金口座が**新規取引のきっかけ**となります。

銀行は、常に新規の融資先を探しています。だからと言って、何の繋がりもない会社に対して、いきなり新規融資を実行することはありません。

しかし、自分の支店の普通預金や当座預金において入出金が繰り返されていれば、話は別です。定期預金や定期積金の金額だけでなく、銀行は**普通預金や当座預金の動きも、取引実績の一つと見る**からです。

銀行は実績のある預金先であれば、当然のように「この企業は新規融資先になるかもしれない」と考えてくれます。そこがチャンスです。

一般的に、信用金庫や信用組合は、預金がだぶついているため、常に新規融資先を探しています。2～3カ月もすれば、先方から融資の提案があるかもしれません。仮に先方から提案がなくとも、こちらから少額の定期積金を契約することをお勧めします。資金繰りが大変な状況ですから、金額は月3～5万円の少額でOKです。

たったこれだけで、社長は、その信用金庫や信用組合の堂々たる取引先です。融資相談にも、気持ちよく乗ってもらえる関係になります。

融資相談の足がかりとして、**まずは商手割引について相談**してみましょう。他行取引がリスケ中とわかれば、新規融資は難しいのが現実ですが、商手割引であれば検討の可能性があるからです。

通常、融資を受ける場合は、保証人や不動産などの担保が必要です。しかし、商手割引の場合は、手形の振出人が手形を決済する責任を持っています。つまり、銀行からすれば、自動的に保証人が増える仕組み、と考えてよいでしょう。

新規で融資をする場合、ハードルの高さを比べると一般的にはこのような順番になります。

易　保証協会付き融資、または商手割引＞プロパー融資＞当座貸越　難

※当座貸越＝融資の限度額を設定し、支払い資金が不足した場合に限度額まで資金を借入できる融資形態

前章で、商手割引を従来通り進めるためのトーク術を説明しましたが、それらが万一不調に終わった場合や、一時的に商手割引残高を増やしたいときの備えにもなり得ます。

加えて期待できるメリットは、リスケ期間が無事終了した段階に現れます。リスケ中、**新たに取引を始めた信用金庫や信用組合から新規融資を受けられる可能性**があることです。

既に3章1項において、リスケが無事終了した後も、銀行は1年程度は様子を見てからでないと新規融資は難しいと述べました。しかし、新たに取引を始めた信用金庫や信用組合にとっては、多少事情が異なります。それは社長が、普通預金や当座預金の入出金や、少額と

はいえ定期積金等の預金取引を続けたことで、預金実績が積み上がったからです。

さらにリスケ期間中、商手割引が少額でも実行されていれば、既に融資取引実績がある状態になっています。いきなり大きな金額は期待できませんが、比較的少額の設備投資や運転資金であれば、前向きに対応してもらえる可能性が高まります。

このノウハウでリスケを卒業した私のクライアントが、無事、新規取引銀行から融資を取り付けたということを何度も経験しました。リスケ中であっても、リスケ後を見据え、新たに信用金庫や信用組合との取引を開拓しておきましょう。

3 経営改善が予定通り進まなかった場合

月日が経つのは早いものです。経営改善に取り組む社長にとって、1年間はあっという間の時間だったに違いありません。いよいよリスケ期間が残り1～2カ月ともなれば、銀行サイドから「リスケ期間終了が迫っていますが、どのようなお考えでしょうか」と問われるでしょう。ここで社長は、次回の方針をしっかり立てなければなりません。

しかし、どのような方針でリスケ期間終了を迎えるか？　それは社長の経営改善策がどこまで進んだかによります。分類すれば、次の4つの形に集約されるでしょう。

①経営改善策が予定通りとなり、無事に以前の銀行返済に戻すことができる
②経営改善策が予定通りとなったものの、以前の銀行返済には無理がある
③経営改善策の内、リストラの実行は予定通りであったが、売上と利益が想定ほど改善していない

④経営改善策のリストラも売上利益も計画より大幅に下回った

①は最も望ましい形です。何ら問題なくリスケ卒業です。おめでとうございます！

④は非常に残念な形です。この場合はリスケ云々ではなく、まったく別の抜本的な解決方法を探らねばならないでしょう。

ここで問題なのは、リストラの実行が進まなかったことです。この場合は今後銀行からの協力が危ぶまれます。抜本的な組織再編等による事業再生等を、検討する必要があるかも知れません。しかし、事業再生の現場で最も多いのが、②と③のパターンです。その場合の対策を考えてみましょう。

経営改善策が予定通りとなったものの、以前の銀行返済には無理がある場合

社長はこの1年、経営改善に取り組みました。リストラはしっかりと実行しました。売上もピークには遥かに及ばないものの、最悪期を脱し、売上利益額はほぼ計画に準じた数字を確保しました。しかし、残念ながら、事業が生み出すキャッシュフローでは、リスケ前の銀行返済額には戻れない、という状況です。

ここで、経営改善計画書の中身を改めて整理しましょう。本書が勧める経営改善計画書では、10年、長くても15年で、全ての借入返済を目指す計画になっているはずです。つまり、以前の銀行返済は不可能かも知れませんが、経営改善計画は予定通り実行されたのです。

このことは、銀行には「経営改善計画書通り、経営状況は改善しました」と、堂々と主張できます。ただし、「経営改善計画書の予想損益通りですので、以前の元金返済は不可能です」「今後はキャッシュフローの70%から80%を返済させていただきたいと思います」と答えましょう。借入金全額を、10年、長くても15年で完済できるペースであれば、銀行からしても許容範囲です。

ここでの注意点は、取引銀行が複数にわたっている場合です。各銀行への元金返済額は、各行の融資残高に応じて決定しましょう。

仮に銀行返済に充てるキャッシュフローの80%が100万円で、A銀行の融資残高が7000万円、B銀行が3000万円、借入総額が1億円だとします。この場合、融資残高割合は70%と30%ですから、融資残高按分にすると、元金返済額はA銀行が70万円、B銀行が30万円ということになります。

これを金融業界用語で、**「プロラタ返済」**（Pro Rata＝残高按分比例すること。数社に債務がある場合、債権額の割合に応じて返済額を決める。銀行にとって、特定の不動産担保、保証協会の保証等による保全がある場合、無担保部分の融資残高に応じて計算することもある）といいます。

元金返済再開に際し、各銀行には「残高按分のプロラタ返済で、衡平・公正・透明性を図りたいと思います」と説明すれば、各銀行も納得度が高いでしょう。

リストラの実行は予定通りであったが、売上と利益が想定ほど改善していない場合

社長は必死に経営改善計画を実践しました。特に役員報酬をはじめとするリストラは、銀行に約束した成果を達成しています。しかしながら、売上と利益は固めの経営改善計画であったにもかかわらず、未達成に終わったという状態です。

この状態の場合、銀行は社長の努力をどのように評価するでしょうか？　その答えの一つが、金融庁のホームページ等で公表されている「金融検査マニュアル」に明確に記されています。

「（2）　経営改善計画等の進捗状況

（略）景気動向等により、経営改善計画等の進捗状況が計画を下回る（売上高等及び当期

利益が事業計画に比して概ね8割に満たない）場合がある。
その際における債務者区分の検証においては、**経営改善計画等の進捗状況のみをもって機械的・画一的に判断するのではなく、計画を下回った要因について分析するとともに、今後の経営改善の見通し等を検討することが必要**である。」（「金融検査マニュアル別冊　中小企業融資編」平成21年12月）

※太字は筆者による

金融検査マニュアルでは、経営改善計画の売上高や当期利益が「概ね8割に満たない」場合でも、「機械的・画一的に判断するのではなく」となっています。

売上や利益が計画の80％未満でも、今後の経営の見通しによっては**債務者区分を格下げする必要はない＝不良債権扱いしない**わけです。

さらに言えば、「経営改善計画の売上利益の進捗状況が80％を下回らなければ問題ない」と解釈することも可能です。キャッシュフローがマイナスの場合は、リスケによっても、資金繰りそのものが破綻していく可能性がありますが、少なくともキャッシャフローが黒字で、経営改善計画の売上・利益が80％以上を達成していれば、銀行は社長の努力を評価できます。

しかも、社長は役員報酬をはじめとするリストラに成功しています。必要以上に銀行に対して、委縮した態度を取る必要はありません。

銀行へのトーク

「残念ながら、経営改善計画は一部未達成となりました」
「役員報酬をはじめとするリストラ策は、社員の協力もあり順調に達成できました」
「売上利益は未達成ですが、計画の80%以上を達成しており、キャッシュフローはプラスの状態です」
「ただし、現在のキャッシュフローでは、元金返済を再開すると、不測の事態に対しての備えがなくなってしまいます」
「ついては、改めてリスケジュールを1年間延長していただきたいのです」

銀行に対しては、真摯に、堂々とリスケジュールの延長を申し出ましょう。この1年間、社長とコミュニケーションがしっかり取れている銀行は、経営改善の進捗を把握しています。引き続きのリスケを、安易に拒むことは考えにくい状況になっているはずです。
ただし、改めて経営改善計画を練り直し、再度銀行に提出する必要があることを忘れずに。

4 それでも再生は不可能ではない

中小零細企業の社長が、事業を立て直すには、**リスケによって経営を改善する時間を作り、その間社長が経営改善の先頭に立つことで、経営の諸問題を解決していく。**これが、中小零細企業再生の王道と、私は確信しています。

ところが、私どもに相談にお越しになる社長の中には、「大企業は平気で、借金を棒引きしてもらっている」「そんな方法がないのか」と問われる方もいらっしゃいます。

確かに新聞やTVのニュースで、某有名大企業が過剰債務に苦しみ、銀行団が債権を放棄することで再生を果たす、という事例が度々紹介されています。社長からすれば、「大企業だけが、なぜトクをするのか」という思いを持つのも仕方ないのかもしれません。

中小零細企業でも、過剰債務を債権放棄してもらう方法は、確かにあります。**「会社分割」や「事業譲渡」といった事業再編スキーム**です。

これは、かなり高度な技術が必要な手法です。弁護士、司法書士、公認会計士や、スキームに精通したコンサルタントの力も借りないと、実現は難しいでしょう。

また、このスキームを決断する社長は、銀行をはじめとする債権者から、逃げていては成功しません。逃げないためには、事業存続は「社員の雇用確保、連鎖倒産の防止等の社会的意義があること」と「社長として経営責任を取る覚悟」を持つことが絶対条件です。

そんな絶対条件を守っても、場合によっては銀行等の債権者から、法廷闘争にまで持ち込まれる事態もありえます。

現に平成22年頃から、「会社分割の濫用」で、裁判所がスキームを否認する事例も出てきました。にもかかわらず、未だに安易にスキームを提供するコンサルや士業もあるようです。

私自身、スキームのお手伝いをし、事業再生に成功した事例を経験していますが、超えるべきハードルの高さと困難さを知る者として、余程の事情と成功の見込みがない限り、安易にお勧めはできません。

ところがこのスキーム、**「第二会社方式」**と呼び、国も事業再生には有効としています。

Ⅰ.「中小企業承継事業再生計画」の概要について

産業活力の再生及び産業活動の革新に関する特別措置法を制定し、「中小企業承継事業再生計画」の認定制度を創設しました。**中小企業が会社分割または事業譲渡による第二会社方式**を用いた「中小企業承継事業再生計画」を作成し、**国による計画の認定**を受けると、営業上必要な許認可等を承継できる特例、税負担の軽減措置、金融支援を活用し、事業再生に取り組むことができます。」（中小企業庁のプレスリリース、平成21年6月22日）

※太字は筆者による

「あそこの社長は、商売に失敗して倒産したけれど、女房の名前で実質同じ商売を続けている……」。そんな話を聞いたことがある、という社長は多いと思います。

実は第二会社方式も、ある意味理屈は同じです。過剰債務に苦しむ企業は、必ずしも事業内容の全てが、悪いわけではありません。たとえば、A事業とB事業という2つの事業部門を持つ会社があったとします。

A事業の利益は黒字（グッド）です。しかし、B事業は毎年赤字（バッド）が続いています。同社は、バッド事業のBが足を引っ張り、銀行借り入れの返済に窮するピンチを迎えています。

この場合、優良なグッドのA事業のみを「会社分割」や「事業譲渡」という事業再編手法によって、いままでの借入とはまったく関係のない別会社に分割・移転または承継させます。グッド事業であるA単独であれば、黒字ですから事業は存続。事業に関わる従業員の雇用や、仕入先の支払いは、従来通り継続できます。国による認定を受ければ、別会社は、営業上必要な許認可を新会社でも継承でき、税負担の軽減、金融支援も可能となります。

その後、残ったバッドなB事業と、グッドなA事業に移せなかった債務（銀行借入）が残った会社は、特別清算や破産といった法的整理に移行する、というものです。別名「グッド出し」といわれるスキームです。

そんな話を聞くと、多くの社長は「自社にも適応できないか？」と考えるかもしれません。しかし、話はそう簡単ではないのです。

中小企業庁の説明では「国による計画の認定」とは「認定には中小企業再生支援協議会等を通じた公正な債権者調整プロセスを通じ、金融機関の合意を得ることなど、一定の要件を満たすことが必要」とされています。

中小企業再生支援協議会は、全都道府県に設置されていますので、窓口相談を受けることは容易です。しかし、中小企業再生支援協議会はあくまで、金融機関調整を行なうところです。取引銀行、特に融資額の最も多額なメインバンクが、「債権放棄」を前提としてまで、当該企業の事業を存続させる、という姿勢がない場合には、調整はうまくいきません。

加えて言えば、第二会社方式がうまくいったとしても、**社長の連帯保証債務は消えません。**ほとんどの中小零細企業の社長は、銀行の連帯保証人のはずです。その他第三者の連帯保証人がいる場合も含め、銀行はそれら保証債務を免除してくれることは、まずありません。非常にハードルの高いスキームです。

しかし近年、事業再生を専門とする弁護士や、事業再生コンサルタントによって、中小企業再生支援協議会の力を借りず、第二会社スキームが成功した事例があることも確かです。

「リスケだけでは再生できない」

「何としても事業を継続したい」

「事業が再生できるのであれば、社長として重い経営責任を取る覚悟がある」

そのような事情と覚悟のある社長であれば、第二会社方式による事業再生を専門家に相談するのも一つでしょう。

ただし、繰り返しますが、スキームの実現には非常に高いハードルが存在します。会社分割や事業譲渡による事業再生は、裁判所からも日々新しい判例が出ています。本当に信頼できる専門家を見つけることが、成功へのスタートになるでしょう。

エピローグ

今から25年前、私は関西の地域金融機関に就職しました。学生時代、スポーツにうつつを抜かしていましたので、人生の将来設計など何もありません。単に内定が取れたところに、とりあえず就職しました。当時は新人類という言葉が誕生した時代です。「今どきの若い奴は！」と言われる典型的な新社会人でした。

そんな新人も、時が経てば一端のバンカー気取りです。「俺は地域の中小零細企業のため、日々戦っている」という、生意気な自信や自負を抱くようになります。

今さら言うのも何ですが、同期トップの30代後半で本部部長職に昇格しましたので、生意気度合いはかなり高かったと思います。

ところが、16年間勤めていた金融機関があっけなく破綻し、約1年半にわたって自分が愛した会社を切り刻んで売りに出すという事業譲渡作業を進める中、それまで持っていた自信や、バンカーとしての生意気な自負が、何も役に立たないことに気がつきました。

事業譲渡先の金融機関から、雇用通知を受けましたが、とてもそんな気になれません。「人生やり直そう」と、個人的に信頼していた社長が経営する、不動産開発会社に転職しました。

新天地に転職して間もなく、社長に言われました。1つ目は「銀行ほど勝手で甘いところはないよ」。2つ目は「君は潰れない企業に勤めていた人間だ。それは一般には通用しないよ」。「銀行で働くことは、何も甘いことなんてなかったし、銀行が潰れたから転職したんやけど……」と、当時私は社長の言っている意味を理解できませんでした。

はじめはまったく意味がわからなかったのですが、経営幹部に取り立てられ、20行以上の金融機関と100億円以上の融資取引を担当するようになってから、やっと意味がわかりました。

銀行からすれば、私のいる会社はそこそこの大口先ですから、頻繁にコミュニケーションを取る必要があります。そんな中、銀行はことあるごとに経営に口を挟みます。その中身は正直言って「企業経営の現場を知らない」「経営を実践している者からすれば、単なる常識論に過ぎない」ものが多くを占めていました。

さらにひどい場合は、「経営をサポートします」という名目で、事実上の融資条件として、「銀行子会社と数千万円のコンサル契約を結べ」と要求されたりしました。

社長が言った1つ目が理解できました。「銀行はなんて勝手で、自分たちが経営を見てやっている、という甘えた考えを持っているところか」。

2つ目は、自分が会社の資金繰りを担当してからわかりました。会社はちょっとしたことで、簡単に潰れる可能性がある、ということを肌身で知ったからです。

　年商100億円以上の会社でしたので、毎月の経費支払い、手形決済、給与支払い、銀行返済などは相当な金額になります。成長著しい会社でもあったので、常に増加運転資金が不足がちで、資金繰りには細心の注意を払う必要があります。資金繰りを担当するものとしては、猛烈なプレッシャーの日々でした。

「企画・財務担当の俺が、万一失敗したら会社は潰れる」「取引先に甚大な迷惑をかける」「社員が路頭に迷う」……。

　金融機関時代、こんなプレッシャーを受けたことはありません。破綻処理を受けた金融機関でも、破綻処理中給与は支払われますし、最後には退職金もちゃんと支給されます。

　そのとき気がつきました。金融機関時代、自信過剰、いっぱしのバンカー気取りで、顧客にあれこれ資料を請求したり、経営に口を挟んでいた自分は、実は何もわかっていなかったということを。今から思えば、中小零細企業社長の苦悩も知らず、確実に給料がもらえる甘えた立場にもかかわらず、「融資してあげますよ」というやや上から目線で、中小零細企業の社長を見ていた自分の姿です。

　過去を反省しても仕方のないことかもしれませんが、そんな経験を中小零細企業の事業再生に、今生かすことができていると思っています。

事業再生をお手伝いする中で、高い比重を占めるのが、リスケ等の金融機関調整ですが、銀行員とお話しするとき、社長とお話しするとき、いずれもかつての自分とダブります。「俺も金融機関時代はこんなんやったな」「社長の言葉の裏、腹の中がよう見えるわ」……。金融機関に勤め、企業経営を経験し、事業再生のコンサルタントとなった今、お金を貸す者、借りる者の立場や考え方が本当によくわかります。

そんな経歴上、金融機関と中小零細企業社長との間の潤滑油となるような本を書きたい、という動機がここにあります。

そんな動機の上で選んだテーマが「リスケ」です。リスケによって資金繰りを安定させ、社長が貴重な時間を勝ち取り、自社の再生に専念することが、窮境状況に陥った中小零細企業が事業を再生するための「王道」と考えるからです。

そんな王道についての類書は、多数発刊されています。しかし、融資している銀行と、借りている中小零細企業の社長、双方の立場に立った書籍は少ないと感じていました。

銀行員は、会社を経営したことがありません。住宅ローンを除けば、多額の借入をすることも、まずありません。ですから、借金の重みを実感できないのです。

しかし、中小零細企業の社長も、銀行のことをよく知りません。場合によっては、知ろうともしません。こんな状況は、銀行と中小零細企業の社長、双方にとって、何もいいことがありません。将来不安の大きい現在のような経済状況では、このすれ違いが大きな問題になるような気がします。

本書は貸している側、借りている側、双方の立場を理解しつつ書かせていただいたつもりです。しかし、手に取っていただきたいのは、日本中の中小零細企業の社長の皆さんです。何度も言うように、「リスケは窮境状態に陥った中小零細企業再生の王道」と信じています。ややもすれば銀行に委縮し、言いたいことも言えない社長が、本書によって堂々とリスケを勝ち取ることができれば、著者として大変な喜びです。しかし、リスケは手段に過ぎません。目的は社長の事業が再生することです。本書を手に取る中小零細企業社長の、事業発展を心より祈りつつ、筆を置かせていただきます。

著者

著者略歴

宮内正一（みやうち　しょういち）

認定事業再生士（CTP）

1963年大阪市生まれ。関西の地域金融機関に16年間勤務。7年間の支店勤務においては、中小零細企業を支える金融業務に従事。その後9年間の本部勤務において、主に企画、マーケティング部門に従事。金融機関破綻処理の後、年商150億円規模の不動産デベロッパーに転じ、財務企画担当として、20以上の金融機関から100億円規模の資金調達を経験。金融機関破綻による事業譲渡、不動産デベロッパーの民事再生手続きの中、自ら事業再生業務を経験。現在、株式会社喜望大地常務執行役員として、中小零細企業に事業再生コンサルタント業務を行なう。金融機関時代を含め、80社以上の事業再生案件を手掛けている。

1年で資金繰り改善をめざす！

小さな会社のための正しい「リスケ」の進め方

平成23年5月20日　初版発行

著　者 ―― 宮内正一

発行者 ―― 中島治久

発行所 ―― 同文舘出版株式会社

東京都千代田区神田神保町1-41　〒101-0051

営業　03（3294）1801　　編集　03（3294）1802

振替　00100-8-42935　　http://www.dobunkan.co.jp

ISBN978-4-495-59341-4

印刷／製本：萩原印刷

Printed in Japan 2011